ALEISTER CROWLEY
E O
TABULEIRO OUIJA

J. Edward Cornelius

ALEISTER CROWLEY
E O
TABULEIRO OUIJA

Tradução:
Rosalia Munhoz

MADRAS®

Publicado originalmente em inglês sob o título *Aleister Crowley and the Ouija Board*, por Feral House.
© 2005, J. Edward Cornelius.
Direitos de edição e tradução para todos os países de língua portuguesa
Tradução autorizada do inglês
© 2008, Madras Editora Ltda.

Editor:
Wagner Veneziani Costa

Produção e Capa:
Equipe Técnica Madras

Tradução:
Rosalia Munhoz

Revisão:
Vera Lucia Quintanilha
Wilson Ryoji Imoto
Carolina Hidalgo Castelani

Dados Internacionais de Catalogação na Publicação (CIP)
(Câmara Brasileira do Livro, SP, Brasil)

Cornelius, J. Edward
Aleister Crowley e o Tabuleiro Ouija / J. Edward Cornelius ; tradução Rosalia Munhoz. — São Paulo : Madras, 2008.
Título original: Aleister Crowley and the Ouija Board.
ISBN 978-85-370-0406-7
1. Crowley, Aleister, 1875-1947 2. Espiritismo 3. Ocultismo 4. Ocultismo - Aspectos religiosos - Cristianismo 5. Tabuleiro Ouija I. Título.

08-06932 CDD-133.93

Índices para catálogo sistemático:
1. Aleister : Tabuleiro de Ouija : Espiritismo
133.93

Proibida a reprodução total ou parcial desta obra, de qualquer forma ou por qualquer meio eletrônico, mecânico, inclusive por meio de processos xerográficos, incluindo ainda o uso da internet, sem a permissão expressa da Madras Editora, na pessoa de seu editor (Lei nº 9.610, de 19.2.98).

Todos os direitos desta edição, em língua portuguesa, reservados pela

MADRAS EDITORA LTDA.
Rua Paulo Gonçalves, 88 — Santana
CEP: 02403-020 — São Paulo/SP
Caixa Postal: 12299 — CEP: 02013-970 — SP
Tel.: (11) 2281-5555 — Fax: (11) 2959-3090
www.madras.com.br

Índice

Introdução 7

Capítulo Um 11
"Algumas instruções simples são tudo o que é necessário, e terei prazer em dá-las de graça, a qualquer um." Aleister Crowley sobre o Tabuleiro Ouija

Capítulo Dois 21
"Acreditar no tabuleiro Ouija? Eu diria não. Não sou espírita. Sou presbiteriano." William Fuld

Capítulo Três 35
"Que o leitor não suponha que interrompemos nosso trabalho e ficamos tentando conquistar o dom de Abrac, desenhando círculos, ou pronunciando ditos arcaicos, condenando os negócios à negligência." Lucy Smith, Mãe do Profeta Mórmon

Capítulo Quatro 55
"Apolonius deve ter feito, com certeza, o elo mais estreito entre seu Ruach [espírito, quinto elemento] e sua Tríade Celestial, e este deve ter ido buscar uma nova encarnação em outro lugar. Todos os Ruach encontrados flutuando em torno do Akasha, comparativamente, devem ter sido porcarias imprestáveis, verdadeiros Qliphoth ou 'Cascas dos Mortos' – apenas aquelas partes dele, em uma palavra, que Apollonius teria deliberadamente descartado no momento de sua morte." - Aleister Crowley

Capítulo Cinco 65
"Oito de março, o ruído estranho de bater em meu quarto, e a voz, repetida dez vezes, algo como o pio de coruja, porém mais prolongado, e mais suavemente, como se estivesse em meu quarto."– John Dee

Capítulo Seis 77
"Quatro castelos muito belos, colocados nas quatro partes do mundo: deles ele ouviu o som de uma Trombeta." John Dee

Capítulo Sete 85
"As cascas ocas brilham com fogo infernal. Também, é claro, elas absorvem a vitalidade dos participantes e também do médium". – Aleister Crowley

Capítulo Oito 99
"Praticar mágika sem um registro é como tentar dirigir um negócio sem contabilidade." – Aleister Crowley

Capítulo Nove 111
"Existe, entretanto, uma boa maneira de usar esse instrumento para conseguir o que você quer, que é realizar toda a operação em um círculo consagrado, para que estranhos indesejáveis não possam interferir com ele. Então você deveria empregar as invocações magísticas apropriadas para que tenha em seu círculo apenas o espírito específico que deseja. Fazer isso é comparativamente fácil. Tudo o que é necessário são poucas instruções simples, e ficarei contente em dá-las, de graça, para qualquer um que tenha a precaução de colocá-las em prática." – Aleister Crowley

Capítulo Dez 131
"O sucesso é a prova: não discuta; não converta; não fale demais. – Liber Al vel Legis III:" 42

    A Quinta Chave (Enochiana) 134
    O Ritual Inferior do Pentagrama 137
Epílogo 139
Apêndice 141
    A Essência Mágika de Crowley 141
    O Ritual Menor do Pentagrama 143
    O Pentagrama 157

Introdução

Muitos leitores consideram o tabuleiro Ouija um brinquedo de criança ou o relacionam ao movimento Espírita. Examinaremos a história do tabuleiro considerando a segunda opção simplesmente porque, antes do Espiritismo, o uso do tabuleiro falante permaneceu relativamente desconhecido, apesar de ter sido utilizado, em uma forma ou outra, por séculos ao redor do mundo. O Espiritismo trouxe o tabuleiro falante para a sociedade, como tendência e vanguarda; entretanto, existe uma diferença significativa entre a aplicação do tabuleiro entre os Espíritas e seu uso por Magistas, que pode ser resumida em uma palavra: *Vontade!*

O fenômeno espírita é muitas vezes o resultado de um estado de transe. A maioria das materializações é considerada subproduto de um relacionamento passivo entre um médium e o tabuleiro. Freqüentemente, os Espíritas se orgulham por não exercerem controle consciente sobre o que estão canalizando. Magistas, por outro lado, executam seus ritos conscientemente, deliberadamente, e com aplicação totalmente concentrada de sua Vontade. Enquanto podem assumir um papel mediúnico passivo, quando trabalham com o tabuleiro Ouija eles permanecem muito diligentes em sua habilidade para controlar o que se manifesta. Desde o início é importante para você, leitor, diferenciar entre um jogo simples de criança, a prática no Espiritismo e a abordagem de Aleister Crowley ao tema do tabuleiro falante. O principal assunto deste livro diz respeito à última opção.

Muitos podem ignorar que Aleister Crowley defendia a utilização do tabuleiro Ouija. Jane Wolfe, que viveu com Crowley na sua mal afamada Abadia de Cefalu, também usou o tabuleiro Ouija. Ela credita algumas de suas maiores comunicações espirituais a essa ferramenta. Crowley também discutiu o tabuleiro Ouija com outro de seus estudantes, Frater Achad (Charles Stansfeld Jones); ele é mencionado, com freqüência, em suas cartas não publicadas. Durante todo o ano de 1917, Achad fez experiências com o tabuleiro como veículo para invocar Anjos, em oposição aos Elementais. Em uma carta, Crowley disse a Jones: "Seu experimento com o tabuleiro Ouija é muito divertido. Você percebe o quanto ele é satisfatório, mas acredito que a prática produz grande aperfeiçoamento. Creio que deveria se limitar a um anjo e tornar as preparações magísticas mais elaboradas".

Durante alguns dos próximos anos, ambos ficaram tão fascinados com o tabuleiro que conversaram sobre comercializar seu próprio modelo. As conversações culminaram com uma carta, datada de 21 de fevereiro de 1919, na qual Crowley disse a Jones, "A respeito: Tabuleiro Ouija. Ofereço-te a posição de meu agente de confiança no que diz respeito a isso, na base de 10% do meu lucro líquido. Se aceitar, você será o responsável pela proteção legal das idéias e a comercialização dos modelos registrados. Creio que isso lhe será satisfatório. Espero colocar o material em suas mãos no prazo de uma semana..." Em março, Crowley escreveu a Achad para informá-lo. "Vou pensar em outro nome para Ouija." Mas sua aventura no mundo dos negócios nunca frutificou e o novo modelo de Crowley, bem como seu nome para o tabuleiro, não sobreviveu.

O livro começa pelo estudo da história do tabuleiro, suas teorias básicas e a partir daí investiga o que Aleister Crowley e outros magistas escreveram. Tentaremos mostrar como *qualquer um* com o conhecimento adequado pode trazer, por meio de um tabuleiro Ouija, seres invisíveis dos pontos mais distantes de outras dimensões para dentro de nosso mundo.

Magistas sabem há muito tempo que a forma triangular do tabuleiro é um símbolo arquétipo e mágiko* tão único que age, automaticamente, como um portal invisível. Quando qualquer pessoa, sem malícia, coloca suas mãos sobre o triângulo e pergunta: "Tem alguém aí?", isso emite um *comando magístico* simples, porém efetivo às entidades astrais mais próximas, para serem convocadas por intermédio do portal.

---

* N.E.: Aleister Crowley grafava a palavra "mágika" com k para diferenciar da arte circense "mágica".

Introdução

Todos nós já ouvimos histórias de terror sobre como isso acidentalmente aconteceu por meio do tabuleiro: ele é lendário por causar tragédias como obsessões, possessões ou desencadear *poltergeists* horripilantes e fantasmas. Essas dificuldades aconteceram em decorrência do *mau uso* do tabuleiro – esta é a explicação. O que a pessoa mediana não percebe é que essas aventuras malsucedidas provam, além de qualquer dúvida, que o tabuleiro é capaz de fazer uma ponte entre o mundo invisível e o nosso, mas isso deve ser feito de modo correto. Você será instruído sobre como abrir os portões invisíveis e aprenderá sobre os segredos negros, sussurrados apenas a portas fechadas por séculos.

J. Edward Cornelius

 # Capítulo Um

*"Algumas instruções simples são tudo o
que é necessário,
e terei prazer em dá-las de graça, a qualquer um."*
Aleister Crowley sobre o Tabuleiro Ouija

A pesar do título simples, este livro é sobre muito mais que o tabuleiro Ouija, uma das ferramentas de cerimonial mais subestimadas dos tempos modernos. Como a Astrologia, cartas de Tarot, bolas de cristal e outros tipos de parafernálias e técnicas mágikas, que encontraram lugar no interior da sociedade atual, o tabuleiro falante foi reduzido à condição de pouco mais que um brinquedo. Em alguns aspectos, temos que agradecer ao movimento espírita do século XIX por essa leviandade. Eles degradaram este e muitos outros mistérios sagrados em sua busca, muitas vezes fraudulenta, para se comunicarem com os finados, ou o mundo dos espíritos. Tornou-se quase impossível para o tabuleiro chacoalhar o estigma negativo de que trabalha apenas no plano astral inferior ou com devaneios do subconsciente.

Em conseqüência dessa difamação, muitos magistas cerimoniais se recusam a admitir a possibilidade de usar o tabuleiro no contexto de um ritual, pois temem ser ridicularizados por seus pares se souberem que usaram um tabuleiro falante.

Apesar de os magistas gostarem de alegar que abordam todos os assuntos relativos à mágika a partir de um ponto de vista científico, muitos preferirão executar rituais seguros de natureza subjetiva, que, apesar de importantes no seu lugar próprio, não produzem evidência exterior para a mente do observador, de que algo realmente aconteceu. Raramente, em qualquer experimento mágiko *objetivo,* ouvimos falar sobre um magista invocar uma entidade de outro reino para dentro do nosso. O conceito de comunicação com demônios, anjos ou até elementais, e toda horda de outras figurinhas folclóricas, é místico demais para a mente de muitos. Muitos acreditam que essas entidades não existem e argumentarão ser meramente alegóricas.

Entretanto, a história mostrou que alguns magistas tiveram a audácia de avançar além dessa convicção estruturada e realmente se comunicaram com entidades invisíveis. Aleister Edward Crowley (1875-1947) sabia que a polaridade sexual humana, ou magnetismo, poderia ser utilizada, de tal maneira, que dois indivíduos, trabalhando juntos, poderiam abrir um portal para esses reinos sutis. Embora este livro não tenha a intenção de ser uma dissertação sobre Tantra ocidental, ou mágika sexual, quero chamar a atenção para o fato de que Crowley utilizou tanto mulheres quanto homens em funções que lhe possibilitaram levantar os véus e alcançar entidades invisíveis. Sua primeira esposa, Rose Edith Kelly, colocou Crowley em contato com uma entidade conhecida como Aiwass. Outro exemplo é o de Mary d´Este Sturges, que o colocou em contato com Abuldiz; Soror Roddie Minor possibilitou a Crowley que se comunicasse com o espírito Amalantrah; e o poeta Victor Neuberg ajudou Crowley a trabalhar com os Anjos Enochianos. Em seus ensinamentos, a arte do cerimonial mágiko e os tabuleiros falantes podem se amalgamar, porque os mesmos princípios de polaridade são aplicados em ambos os casos. Duas pessoas trabalhando juntas podem abrir um portal.

Aleister Crowley levou a prática da mágika a um aprofundamento que poucos indivíduos poderiam imaginar; muitos acreditam que ele é indiscutivelmente a maior entre todas as autoridades no assunto. Seus escritos nos munem com um olhar único sobre a qualidade do tabuleiro falante como apto para a utilização como instrumento ritualístico, algo que muitas pessoas parecem ignorar. De fato, Crowley *defendeu sua utilização.* Se fosse apenas um jogo de salão teriam, afinal, as predileções da Grande Besta dispensado qualquer consideração a essa ferramenta?

Grady Louis McMurtry (1918-1985) foi o líder mundial prematuro da mal afamada fraternidade conhecida como Ordo Templi Orientis, de Aleister Crowley. Ele foi um dos estudantes de Crowley desde o início dos anos 1940 e encontrou a Grande Besta inúmeras vezes, enquanto servia como jovem oficial das Forças Armadas, durante a Segunda Guerra Mundial. Encontrei Grady em 1977, e em várias ocasiões ele passou algum tempo em minha casa, em Connecticut. Durante uma de nossas muitas conversas sobre mágika, o assunto derivou para o Espiritismo e a caça a fantasmas. Sobre esse tema compartilhamos histórias populares e boas risadas; entretanto, um tópico fez com que Grady ficasse muito sério. Quando mencionei o tabuleiro Ouija, para pedir sua opinião sobre seu uso, sem hesitação ele salientou, com veemência, a crença, compartilhada com Crowley, de que não era um brinquedo para se jogar com leviandade, e que a pessoa comum caminha por terreno perigoso quando utiliza o tabuleiro. De fato, ele disse que, sabendo o que sabia sobre o tabuleiro, nunca o usaria sem método. Isso me desnorteou e ao mesmo tempo atiçou minha curiosidade.

Ele obsequiou-me com uma longa dissertação, cuja essência era que um tabuleiro falante utiliza os mesmos princípios angélicos praticados pelo magista elisabetano John Dee* (1527-1608). O tabuleiro pode ser usado para invocar Enochianos ou forças elementais inferiores, as quais, como qualquer magista verdadeiro atestará, podem ser muito perigosas, se deixadas incontroladas.

Posteriormente, Grady salientou que John Dee olhou *dentro* dos reinos invisíveis, conhecidos como Aethyrs, por meio do uso de bolas de cristal. Neste caso, os anjos apareceram e comunicaram suas mensagens apontando para uma letra a cada vez em imensos tabuleiros de letras.

O mesmo princípio, ele disse, permanece verdadeiro para os tabuleiros falantes, mas, ao invés de adentrar o reino dos anjos, nós trazemos as entidades para o nosso mundo, para que se comuniquem da mesma maneira, permitindo que movam o triângulo, de uma letra para outra, para soletrar mensagens. A mágika Enochiana é tão ímpar que vem com uma advertência de que ninguém deverá se intrometer em seus assuntos, a não ser que seja extremamente versado no tema. Até mesmo incrédulos que realizaram experimentos tiveram eventos singulares, se não perigosos, acontecendo a eles. Assim como no tabuleiro Ouija, não importa se você acredita no sistema ou não, simplesmente ele funciona.

De qualquer modo, o que muitos indivíduos alcançam intelectualmente, por intermédio de seus trabalhos Enochianos, é pavorosamente similar ao que é obtido quando o tabuleiro é utilizado como jogo de salão. Grady o disse melhor, e sou levado a concordar com ele, de que o segredo elementar, quando iniciamos o uso do tabuleiro, é não perguntar simplesmente

---

* N.E.: Sugerimos a leitura de *John Dee*, coletânea de Gerald Suster, Madras Editora.

"Tem alguém aí?" Você deve saber, exatamente, quem está sendo convocado, e de onde. Você não quer abrir cegamente um portal para dentro do plano astral inferior. Senão, o que alguém obtém por meio do tabuleiro Ouija, se não for um elemental inferior, é pouco mais que uma janela transparente, por meio da qual é concedido a imagens incontroladas da mente subconsciente vagar e se apresentar, se infiltrando na realidade. O êxito mágiko, com um tabuleiro Ouija, só pode ser alcançado se ele for utilizado em conexão com técnicas ritualísticas e cerimoniais da Alta Mágika. É aqui que os ensinamentos de Aleister Crowley se encaixam.

Em alguns tópicos eu concordo com os pesquisadores que se perguntam sobre a segurança do tabuleiro, para a utilização por pessoas comuns; como Grady, eu acredito também que esse, provavelmente, é um dos artifícios mais perigosos, entre os já colocados nas mãos da humanidade. Ele abre facilmente o portal para um mundo invisível, permitindo a indivíduos mergulharem em reinos além de suas fantasias mais selvagens, simplesmente pousando suas mãos sobre uma ferramenta, chamada de *planchette* ou indicador. O tabuleiro Ouija é bem conhecido por causar tragédias, tais como obsessões e possessões, fantasmas, ou por desencadear *poltergeists* aterrorizadores. Ele é um portal instantâneo para o plano astral inferior. Certamente, esses tipos de manifestações *provam, além de qualquer sombra de dúvida,* que o tabuleiro é capaz de criar uma ponte entre o mundo invisível e o nosso.

Magistas sabem, há muito tempo, que muitos dos problemas com o tabuleiro aconteceram em decorrência do *mau uso*. Mas, se para a pessoa comum das ruas é dado utilizar o tabuleiro, e acidentalmente libertar algo do astral inferior, que pode aterrorizar sua casa na forma de um *poltergeist*, então por que não poderia alguém, bem versado nas artes mágikas, usar o tabuleiro de maneira mais efetiva, para se comunicar com os reinos invisíveis? Antes de tudo, o tabuleiro é apenas um implemento, que age como um portal. A habilidade de alguém utilizar o tabuleiro corretamente é determinada pela sua instrução magística e espiritual.

Os críticos mais duros, que argumentam contra a utilização do tabuleiro, podem discordar. Para eles a questão é simplesmente, "Como podemos impedir as manifestações subterrâneas ou demoníacas de ocorrer?" O magista, por outro lado, deverá perguntar, "Como abriremos o portal *corretamente,* e controlar esses seres invisíveis, que são usualmente atraídos, para o tabuleiro Ouija, como a mariposa para a luz?" Alguns dos trapaceiros incontrolados, dentre esses criadores de travessuras, são lendários. O tabuleiro Ouija não é um brinquedo, mas ao invés de entrouxar o tabuleiro dentro de um armário, ou enterrá-lo "sob 30 centímetros de terra", e então aspergir com água benta,[1] como os autoproclamados demonologistas, ou o grupo de exorcistas de Ed e Lorraine Warren fariam, será melhor obter uma compreensão sóbria de sua mecânica.

Alguns podem especular a razão de eu citar Ed e Lorraine Warren, considerando que sua reputação, entre os ocultistas, é a de vendedores-de-medo cristãos, que fizeram pouco mais do que espalhar paranóia em relação ao tabuleiro Ouija, ao invés de tentar compreender seus mistérios. Essa dupla clama ter investigado por volta de 8 mil casos de fantasmas, aparições e demônios, e também pessoas, lugares e coisas possuídas. Eles têm feito isso por décadas; dando palestras em todo canto e escrevendo livros sobre suas experiências, se empenharam em uma guerra pessoal contra o que consideram ser forças diabólicas de possessões demoníacas. Eles acreditam que o tabuleiro Ouija é o responsável por algumas das tragédias que testemunharam. Apenas por essa razão eu considero que alguns de seus bem propagandeados comentários precisam ser discutidos.

Depois de ler sua biografia de bolso *The Demonologist* [O Demonologista][2], senti que tinha mergulhado dentro da Idade Média, uma vez que o livro estava tentando me amedrontar com demônios religiosos. Eu só pude pensar em Aleister Crowley que, depois de ler *The Book of Black Magic* [O Livro da Magia Negra], de Arthur Edward Waite, disse uma frase de sabedoria profunda: "Ah! Senhor Waite, o mundo da Mágica é um espelho, no qual quem vê sujeira é sujeira!"[3].

Não digo que o medo dos Warren é infundado, que o tabuleiro não pode ser problemático e não deve ser usado por crianças, a não ser quando supervisionadas com cuidado, mas esses dois levam qualquer perigo, relacionado ao tabuleiro Ouija, a extremos religiosos. Quando Ed Warren apareceu no show da rádio *A.M. Coast to Coast* [A.M Costa a Costa] em outubro de 1999, ele disse "... não use tabuleiros Ouija, não apóie sessões espíritas, não entre em nenhum tipo de práticas ocultistas. Se

---
1. Hunt, Stoker. *Ouija, The Most Dangerous Game* (New York: Harper & Row, 1976), p. 77.
2. Brittle, Gerald. *The Demonologist: The Extraordinary Career of Ed and Lorraine Warren* (New York: St. Martins Paperback, 1991).
3. Crowley, Aleister. *The Goetia, The Lesser Key of Salomon the King* (Maine: Samuel Weiser, Inc., 1995), p. 18.

quer aprender a respeito do sobrenatural, vá para a igreja". Mas, se uma pessoa após a outra desaparece em águas infestadas por tubarões, devemos defender que a humanidade nunca nade novamente, e sim, corra para a Igreja por inviolabilidade e informações sobre peixes? Acredito que freqüentemente a Igreja é tão ofuscada pela premissa do bem e mal, que categoriza tudo como sendo branco ou preto, e declara coisas como demoníacas simplesmente por ignorância.

Eu não concordo com a avaliação dos Warren sobre o tabuleiro Ouija, mas sim que alguém deve compreender a natureza sutil do tabuleiro, e as leis que governam o terreno interior, ao invés de enterrar o tabuleiro no quintal sob 30 centímetros de terra. Os Warren acreditam que "O tabuleiro Ouija provou ser uma notória chave-mestra para o terror",[4] refletindo crenças populares a respeito do tabuleiro Ouija. Exemplificando, é crença corrente que, se dispuser do tabuleiro de modo inapropriado, então os espíritos que invocou voltarão para assombrá-lo. Muitas fontes declaram que você deverá quebrar o tabuleiro em sete pedaços, colocar os resíduos em um buraco profundo, então deve dizer uma prece sobre eles e aspergir com água benta antes de queimar o tabuleiro. Também li que se você queima o tabuleiro ele gritará, e aqueles que ouviram o grito do Ouija morreram em 36 horas.

Alguns outros mitos e superstições típicos em consideração ao Ouija são de que se a *planchette* vai de um canto ao próximo, atingindo todos os quatro, significa que você contatou um espírito do mal, e se a *planchette* cai para fora do tabuleiro enquanto está jogando, o espírito escapará. Outra maneira de dizer se contatou um espírito do mal é se a *planchette* faz repetidamente a imagem do oito. Entretanto, se uma moeda de prata for colocada sobre o tabuleiro desde o início, nenhum espírito do mal poderá atravessar. Tudo isso, é claro, são puros disparates. Alguns casos terminaram tragicamente depois que um indivíduo começou a utilizar o tabuleiro Ouija, mas são raros se considerarmos as milhares de excursões sem nenhum contratempo que acontecem diariamente.

Como evidência adicional de que o tabuleiro é perigoso, os Warren comentam que a história original por trás do *The Exorcist* [O Exorcista], escrita por William Peter Blatty em 1971,[5] é completamente verdadeira e aconteceu quando um menino (não uma menina) começou a "usar o tabu-

---
4. Brittle, p. 108.
5. Blatty, William Peter. *The Exorcist* (New York: Harper & Row, 1971).

leiro Ouija!"⁶ Eles estão certos; *O Exorcista* é baseado em um incidente real. Começou em janeiro de 1949, quando um menino ganhou de presente um tabuleiro Ouija de uma tia que tinha firme interesse no oculto e em espiritismo. Ela estava morrendo de esclerose múltipla e, sendo extremamente próxima do menino, lhe deu o tabuleiro como um meio de manter contato depois da morte. Ela morreu mais tarde naquele mês, em 26 de janeiro de 1949. Desafortunadamente, ao invés de contatar sua tia, ele abriu um portal, o que permitiu a uma entidade se manifestar, a qual, segundo o dito, invadiu seu corpo. Na época em que essa história surgiu, tanto o *The Evening Star* como o *The Washington Post* exibiram artigos sobre a possessão do menino. A manchete do *Post*, em 20 de agosto de 1949, contou a história: "Sacerdote liberta Mt. Rainer (Md.) Menino Mantido em Poder do Demônio".

Não nos serve de nada ir aos detalhes repulsivos, mas é bem sabido que William Blatty, um estudante da Georgetown University na época, leu essas histórias no jornal e anos depois baseou seu livro nelas. Blatty mesmo já declarou que "claro que *O exorcista* é baseado em um caso real, factual, documentado"[7] e se reporta a esse incidente. O tabuleiro Ouija estava envolvido no acontecimento original que possibilitou a uma entidade transitar entre os planos e possuir um menino. Não obstante, não devemos pensar nisso como algo malévolo, mas como uma lição no aprendizado sobre as capacidades do tabuleiro: Ele simplesmente pode atrair entidades.

O filme *O Exorcista* foi lançado no dia seguinte ao Natal, em 26 de dezembro de 1973. Além de ser um dos filmes mais aterrorizantes já feitos, ele foi, provavelmente, a peça de propaganda avulsa mais devastadora, que atribuiu ao tabuleiro Ouija sua notoriedade como maligno. Até o sacerdote John J. Nicola, que agiu como consultor técnico para o filme, é citado como tendo dito, "Não creio que lançaria o filme para o público em geral, se dependesse de mim, por causa dos perigos da histeria".[8]

No filme e no livro, o tabuleiro Ouija é retratado, de certa forma graficamente, como a chave-mestra. No início perguntam a uma menina de 11 anos, chamada Regan MacNeil, se ela está "jogando com o tabu-

---

6. Brittle, p. 109.
7. Erdmenn, Steve. "The Truth Behind The Exorcist", *Fate Magazine*, vol. 28 nº 1, edição 298 (janeiro de 1975) p. 50.
8. "Exorcist, Breaking Records, Spurs Nation Craze", *The New Haven Register*, domingo, 10 de fevereiro de 1974.

leiro?" Regan responde simplesmente "sim". É no decorrer dessa conversação que ficamos sabendo que ela está se comunicando com uma entidade que chama a si mesma de Captain Howdy. Quando interrogada sobre por que a entidade escolheu essa alcunha, Regan explica com indiferença: "Porque esse é o seu nome, é claro".[9] O que não era nada óbvio no filme era que o intruso invisível escolheu cuidadosamente o nome para imitar o pai de Regan, cujo nome era Howard. A entidade sabia que Regan, depois do divórcio dos pais, tinha muita saudade do genitor, e usou uma versão deturpada do nome do pai, para ganhar a confiança inconsciente de Regan. Com o tempo ficamos sabendo que essa entidade é, nada menos, que a quintessência do puro mal, e através do tabuleiro Ouija tem acesso ao nosso mundo. O resultado final é a possessão da jovem Regan com um exorcista sendo chamado para libertar o corpo do demônio.

Desafortunadamente, a nota dominante do filme parece insinuar que, se alguém joga com o tabuleiro Ouija, será possuído, vomitará sopa de ervilhas, aprenderá truques sexuais fascinantes com a cruz e falará imundícies para quem quiser, sacerdote e mãe inclusive. Depois que o filme foi lançado, as pessoas começaram a pensar que, se jogassem com um tabuleiro Ouija, sofreriam o mesmo destino da pobre pequena Regan, e se tornariam possuídas por Pazuzu, ou outro demônio ameaçador. Apesar de o monsenhor reverendo Michael Ramsey, Arcebispo de Canterbury, ter respondido: "Eu acredito na existência da possessão demoníaca e exorcismo genuíno, mas o que é retratado no filme é basicamente supersticioso, mórbido, fraudulento e índice de imaturidade religiosa".[10], *O Exorcista* é muito provavelmente a maior razão individual pela qual muitas pessoas se livraram de seus tabuleiros Ouija.

O Exorcista não é o primeiro filme a retratar o tabuleiro Ouija como um portal demoníaco. Em 1920, Max Fleischer lançou um cartum chamado *Ouija Board, Koko the Clown* [Tabuleiro Ouija, Koko, o Palhaço]. É bem curto, mas carrega a distinção de ser o primeiro a apresentar o tabuleiro. Desde então existiram dúzias: por exemplo, o filme clássico dos anos 1960 *Thirteen Ghosts* [Treze Fantasmas] tinha uma grande cena com o tabuleiro Ouija na qual o fantasma diz à família que vai matar um deles. E teve o terceiro na série Amityville, *Amityville 3-D* (1983). Ele foi

---
9. Blatty, pp. 36-7.
10. "Bit of The Old Boy in Exorcism, But Ramsey Pooh-Poohs is Mostly", *New York Daily News*, quinta-feira, 31 de janeiro de 1974.

um dos primeiros filmes de Meg Ryan, e provavelmente um que gostaria de esquecer. (Obviamente ela não tinha visto os dois primeiros filmes, senão teria sabido a resposta para sua questão, quando perguntou ao tabuleiro: "Tem alguém neste quarto que esteja verdadeiramente em perigo?") Mesmo os Warren, que tinham investigado a casa em Amityville, considerariam esse filme trágico e inútil.

O tabuleiro também teve um papel-chave em *The Devil's Gift* (1984) [O Presente do Demônio]. A trama é simples: uma mãe, procurando um presente de aniversário para seu filho, encontra um adorável macaquinho tocador de címbalos numa loja de segunda mão e o compra. O que ela não sabe é que um espírito maligno foi conjurado por um tabuleiro Ouija e agora mora nesse pequeno brinquedo que, quando furioso, se torna um macaco mau. Outro filme é *Spookies* (1985) [Fantasmas], que traz um argumento redundante como uma velha mansão, um grupo de garotos que merece morrer e um tabuleiro Ouija, encontrado em um armário, existe alguma dúvida sobre o que virá? Tem também a série clássica de filmes *Witchboard* [Tabuleiro de Feiticeira], que retrata os tabuleiros como meios para conjurar espíritos do mal.

Muitos filmes usaram o tabuleiro para explicar como uma entidade do mal se manifesta e causa devastação a nosso mundo. Entretanto, nem todos o retratam como uma ferramenta do mal: próximo da verdade sobre uma aplicação positiva de um tabuleiro Ouija é mostrado no filme *Awakenings* (1990) [Despertar]. Aqui um doutor (Robin Williams) faz experiências com, pacientes catatônicos. Enquanto usa um tabuleiro Ouija com um de seus pacientes não-responsivos (Robert De Niro), ele descobre que o homem está na verdade operando em um nível profundamente subconsciente.

Quanto ao tabuleiro Ouija padrão, como brinquedo, foi distribuído calmamente durante anos, sem alarde; certamente está começando a usufruir de um retorno discreto, com uma nova geração de pessoas, que deseja se entreter com seus temas. Você pode encontrar o tabuleiro Ouija exposto em lojas de brinquedo por todo o país, propagandeado em revistas de presentes, recomendado para crianças como forma de entretenimento. Uma propaganda declara com humor: "O Tabuleiro Ouija está de volta e está mais esperto que nunca!". Outro comercial pergunta: "Lembra de quando provocar um grito de terror em você era fácil e divertido?". Tem até um descanso de *mouse* de tabuleiro Ouija: "Empacado com uma questão? Caso o computador não tenha a resposta, tente consultar 'o oráculo'!".

O Ouija está, novamente, saindo do armário, e a época está madura para entender a Verdade por trás do mecanismo mágiko que faz o triângulo se mover. A coisa mais difícil vai ser convencer o público de que o tabuleiro Ouija não é um brinquedo de criança, ou uma chave-mestra para espíritos do mal. O tabuleiro falante é, simplesmente, um instrumento mágiko, que pode ser usado correta ou incorretamente. Existe a possibilidade de problemas sérios acontecerem, se usado por quem não tiver cuidado, ou não for bem treinado nas Artes; mas temos convicção de que não será preciso chafurdar nos estigmas negativos, no que concerne ao tabuleiro Ouija, para discutir as questões tanto práticas quanto mágikas, que são inerentes a cada aspecto. Se você acredita nos medos de que o tabuleiro seja o arquétipo do puro mal, perderá a abundância de recompensas que podem ser alcançadas por meio de seu uso. Com este livro, discutiremos como alcançar resultados positivos por intermédio do tabuleiro e evitar as ciladas normalmente atribuídas a ele.

 # Capítulo Dois

*"Acreditar no tabuleiro Ouija? Eu diria não.
Não sou espírita. Sou presbiteriano."*
William Fuld

Neste ponto estarão perguntando o que faz de um simples objeto um portal entre mundos – afinal, é só plástico e madeira. Você deve estar se perguntando também de onde veio o tabuleiro Ouija, quem o inventou e como ele funciona realmente. É uma invenção moderna ou antiga? Normalmente, as respostas são tão contraditórias quanto controvertidas, porque não existe nada mais desconcertante do que a simplicidade do funcionamento do tabuleiro Ouija; e apesar de muitos terem hipóteses, realmente ninguém conhece sua origem.

O tabuleiro Ouija, como o conhecemos hoje, se originou por volta de 1890. Entretanto, a comunicação com os espíritos e os deuses tem acontecido, entre todos os povos, desde os tempos antigos. Aparatos ou métodos, similares ao do tabuleiro falante, foram utilizados bem antes do nascimento de Confúcio pelos chineses, para se comunicar com seus ancestrais. Métodos similares eram e ainda são usados nos templos de En Chu em Taiwan. Neste caso, médiuns, conhecidos como *chi shengs*, trabalham sozinhos ou em par. Eles se sentam diante de um grande tabuleiro com areia branca e, em suas mãos, seguram um instrumento de escrita com a forma de um V. Após orações apropriadas, suas mãos tremem e o instrumento começa a escrever mensagens na areia.

Na Grécia, por volta de 540 d.C., foi dito que o filósofo Pitágoras[*] usava uma mesa falante especial sobre rodas. Com as mãos colocadas

---

[*] N.E.: Sugerimos a leitura de *Pitágoras – Magia e Ciência na Antiga Grécia*, de Carlos Brasílio Conte, Madras Editora.

sobre a mesa, ela se moveria em direção a sinais e símbolos diferentes. Pitágoras, ou seu pupilo Filolaus, interpretaria as mensagens, para a audiência expectante, como sendo revelações divinas, supostamente de um mundo invisível. Alguns autores até especularam que os signos eram apenas o alfabeto grego. Na Roma Antiga também encontramos referências a tabuleiros de espíritos. Algumas tribos de índios americanos usaram um tabuleiro de espíritos, coberto com símbolos estranhos, que eles chamavam de *squdilatc*. O modelo do Ouija em si deve ser relativamente moderno, mas o princípio por trás de seu uso tem estado por aí desde que o homem teve sede de conversar com o mundo dos espíritos.

Os gregos tinham numerosos modos específicos de se comunicar com o reino dos espíritos, apesar de muitos de seus métodos serem apenas especulação, sendo praticamente impossível rastrear as origens das histórias que chegaram a nós. Os oráculos de Delfos são um dos mistérios clássicos não resolvidos do mundo antigo: apesar de historiadores gregos terem mencionado os oráculos no decorrer dos séculos, muito pouco das técnicas empregadas pelas sacerdotisas chegaram a ser relatadas. Sabemos que as sacerdotisas de Delfos, chamadas de Pythia, em geral eram mulheres de mais de 50 anos, e raramente existiam mais do que três delas ao mesmo tempo. Pythia era um título tirado de Pytho, a serpente gigante que foi assassinada pelo deus Apolo. Seu templo foi construído sobre um grande precipício circular vulcânico, no lado sul do monte Parnaso, onde, se acreditava então, Apolo jogou o corpo de Pytho.

A história nos informa que no Templo de Delfos um grande tripé era posicionado sobre o precipício, em um aposento conhecido como o Adyton. O tripé simbolizava as três fases do tempo regidas por Apolo: o passado, o presente e o futuro. O tripé não só criava o símbolo pitagórico do tetraedron, mas sua base imitava o Triângulo Mágiko dos magistas, no qual entidades são convocadas e aprisionadas. No centro do tripé diziam ter um pêndulo suspenso por uma longa corrente, apesar de outros historiadores terem dito que era um pequeno pote fervente com ervas. As sacerdotisas, ou Pythiaon, deveriam sentar-se no topo do tripé, em uma cadeira especial. Depois de fazer o sacrifício animal apropriado nas chamas da vasilha, Pythia respiraria a fumaça que subia, que os gregos acreditavam ser habitada pelos oráculos. Nesse ponto, Pythia ficaria possuída e entraria em estado de transe. Alguns acreditam que suas palavras se tornavam divinas; já outros historiadores comentam que elas eram muitas vezes incoerentes, disparatadas e que o grande mistério deveria estar na oscilação do pêndulo. Alguns especularam que os deuses o moveriam, para a frente e para trás, respondendo às questões dos que desejavam consultar o oráculo, com sim ou não. A descrição do método que os oráculos de Delfos aplicaram varia muito, dependendo do acadêmico especialista em grego ou da fonte historiográfica. Mesmo assim, o historiador grego Strabo (63 a.C. – 21 d.C.), que escreveu sobre Delfos, afirmou: "Dentre todos os oráculos do mundo, esse teve a reputação de ser o mais verdadeiro".

Sabemos que tripés pequenos e pêndulos eram muito usados como artifícios para adivinhações, por toda a Grécia antiga. Esse tipo específico de comunicação carrega um nome, que alguns acreditam que vem de tão longe quanto Delfos. Ele é conhecido como Dactilomancia. Esse termo deriva de que a intenção por trás do método do pêndulo era fazer a comunicação com as entidades invisíveis, ou oráculos, chamados de Dactyls. Esses oráculos agiam como mensageiros para os mortais e os deuses. A palavra Delfos vem do grego *delphos* que significa útero. Existe uma lenda que diz que os Dactyls nasceram em Delfos. Eles nasceram quando a deusa do céu Rhea pousou seus dedos sobre a terra e, diante de cada ponta de dedo, nasceu uma criança invisível, cinco meninas e cinco meninos, cujo destino era proteger o jovem Zeus de Cronos, seu pai. Zeus, é claro, sobreviveu e por sua vez se tornou pai de Apolo, cujo templo fica em Delfos.

Como muitos seres invisíveis, ou astrais, os Dactyls eram armados com um escudo e uma espada, lançando feitiços freqüentemente, tanto bons como maus, sobre a humanidade, a pedido daqueles que os invocavam. Alguns até interpretaram esse mito antigo de Rhea para representar um tipo de prática, que tem ligação simbólica com os tabuleiros falantes. Enfim, quando usar um tabuleiro Ouija, você colocará suas mãos no triângulo e, diante das pontas dos dedos, nascerão crianças invisíveis que desejam se comunicar e ajudar, do modo que puderem. Assim como em muitos mitos, esse tem entrelaçamentos sutis com a sociedade atual. A palavra grega para dedo é *dactyl*. Dedos sempre foram uma ferramenta poderosa e tiveram um papel importante em diferentes mitologias, religiões e mesmo na mágica. Dedos são parte da mão, que Aleister Crowley cita como *instrumentos mágikos por excelência*.

Com a passagem do tempo, a arte sagrada da Dactilomancia foi erroneamente reduzida, para abranger qualquer forma de adivinhação na qual pêndulos ou anéis são usados. Um dos exemplos mais antigos reportados, de adivinhação por pêndulos, aconteceu no século IV. Durante esse período, o historiador bizantino Ammianus Marcellinus conta como Fidustius, Patricius e Hilarius foram presos, por tentarem adivinhar o nome do imperador que sucederia Valens (364 – 378 d.C.), utilizando um pêndulo. De acordo com a história, eles admitiram ter usado um pequeno disco arredondado, que tinha o alfabeto pintado em volta da borda. Suspenderam o pêndulo no meio desse disco e, quando ele começou a se mover, soletrou o nome do grande general Theodosius. O imperador Valens, quando soube, se sentiu tão ultrajado que, imediatamente, matou o insuspeito Theodosius. Apesar disso, os deuses erram raramente. O que tinha sido antevisto era que o filho de Theodosius, que também se chamava Theodosius, se tornaria o próximo imperador, após a morte de Valens.

A utilização de pêndulos foi muito difundida no mundo antigo. Mesmo até o último século era prática comum as mulheres usarem anéis de casamento amarrados a um cordão, que elas deveriam suspender perto de um espelho. Esse método era similar à antiga técnica romana. Quando uma pergunta era feita, o anel começaria a balançar. Se tocasse no espelho, significava um sim, se não tocasse, significaria um não. O mesmo resultado era alcançado suspendendo o pêndulo entre cartas, nas quais estivesse escrito sim ou não. Uma versão bem mais complexa, baseada nesse tema, surgiu com o pêndulo suspenso no meio de um círculo, à volta do qual as letras do alfabeto eram dispostas em cartas individuais, e ainda cartas com sim e não. Quando era feita uma pergunta, o pêndulo começaria a balançar, de uma letra para a outra, soletrando devagar as palavras.

Essa arte também era chamada de Dactilomancia, durante esse período precoce do espiritismo; os Dactyls foram colocados de lado, se tornando pouco mais que mitos gregos. Os reinos invisíveis estavam se tornando cristianizados, banhados em bem ou mal. Tudo tinha que ser preto ou branco. Espíritas deviam ser cuidadosos ao se referirem à fonte por trás de suas comunicações: pedir ajuda aos finados era bem tolerado, enquanto, declarar ter se comunicado, com qualquer outra coisa, era considerado demoníaco e muitas vezes atacado pela sociedade. Mitos como o dos Dactyls eram vistos como metáforas imaginárias, ou fictícias, simplesmente usadas para ensinar pelo exemplo. A idéia de que no interior desses mitos estão ocultas grandes verdades foi tragicamente ignorada.

Quanto aos triângulos, utilizados com os tabuleiros falantes, apareceram no século passado, mas não tiveram conexão nenhuma com Dactilomancia. Muitas vezes se referiram a eles como "navegadores" entre os pesquisadores psíquicos da época e, como muitas ferramentas, nasceram na era do Espiritismo, com suas sessões de mesa e comunicações com espíritos. Uma vez introduzida a comunicação com os espíritos, se espalhou como um incêndio. Era como se toda cidade importante tivesse sua cota de médiuns e espíritas. Os métodos usados, nas tentativas de comunicação com uma vasta gama de seres espirituais, eram tão variados, que só podem ser resumidos como criativos.

Um método, bastante utilizado no século passado, ficou conhecido como automatismo. Ninguém sabe realmente como, ou onde, a escrita automática se insinuou na cena, mas essa técnica subentende que a pessoa escreve sem percepção consciente de sua ação. Enquanto, em estado de transe, um lápis é colocado entre os dedos do médium e uma folha de papel deslizada sob suas mãos. Com freqüência, o indivíduo começará rabiscando bilhetes estranhos, desenhos extravagantes e mensagens bizarras, normalmente em uma letra cursiva, totalmente diferente da usada pela pessoa quando consciente; algumas vezes até em uma língua estrangeira. Era crença corrente que as mensagens vinham, diretamente, de um espírito que guiava a mão do médium, mas, com toda a honestidade, muito do que se conseguia eram, simplesmente, garranchos irreconhecíveis.

A lenda diz que o automatismo teve um grande desenvolvimento em 1853. Um espírita francês, chamado M. Planchette, criou um objeto singular, que veio a ser o precursor original do triângulo usado com nosso tabuleiro Ouija moderno. Seu triângulo, ou tablete (como é muitas vezes chamado), tinha o formato de coração e era feito de madeira. Ele tinha duas pernas pequenas, apoiadas em rodas pequenas, para permitir que se movesse com facilidade, enquanto a terceira perna, na frente, era um lápis de madeira. A ponta era empurrada para baixo, através de uma pequena abertura, forrada com borracha, para segurar o lápis firme no lugar. A pessoa deveria pousar sua mão no topo desse aparelho, antes de entrar em transe. Quando a mesa movia, soletrava mensagens em uma folha de papel. Até hoje o apontador, ou triângulo, de um tabuleiro Ouija é muitas vezes chamado de *planchet* ou *planchette*, nomeado a partir de seu inventor original.

Outros discordam desse trecho da história, declaram que foi um espiritualista americano anterior, chamado Thomas Welton, o real inventor do artefato triangular. Parece que o fascínio de Welton, por perscrutar em bolas de cristal, nos anos de 1850, era famoso. De fato, inclusive publicou um panfleto intitulado *The Planchette,* para dizer que foi ele, e não Planchette, quem criou esse objeto. Verdadeiras ou não, suas declarações foram todas ignoradas pela história. Hoje é comumente aceito que Planchette foi o verdadeiro inventor. Outra opinião polêmica, nesse fragmento de retórica histórica, sugere que M. Planchette nunca existiu: nenhuma referência explícita veio à tona para dar substância à sua vida, apesar de os autores sempre escreverem sobre ele, como se fosse uma pessoa real, que viveu na França. Planchette realmente é uma figura misteriosa. A favor desse argumento, alguns historiadores foram rápidos em pontuar que a palavra "planchette" é simplesmente um termo francês e pode ser traduzido como "tabuleiro pequeno" (fr. *planche* – tabuleiro, prancha) que é, afinal, uma *planchette*. Esse argumento é provavelmente o mais próximo da verdade.

O modelo por trás do tabuleiro falante moderno é igualmente entrelaçado em mitos históricos, todos muito contraditórios, dependendo de quem você está lendo. O século XIX foi um época na qual qualquer um poderia tecer uma narrativa, criar uma fábula e dizer a "verdade", como a viam incontestavelmente. O plágio corria solto, a história estava sendo escrita, reescrita e muitas vezes reescrita novamente, pelo indivíduo que professava ter criado sozinho o artefato, para as pessoas usarem e se comunicar com o mundo espiritual. Se alguém já se perguntou sobre a razão de os espíritas terem adquirido má reputação é só estudar a história desse período: muitas pessoas que praticaram o Espiritismo se conduziram de forma inescrupulosa, se não antiética, chegando às raias do espetáculo grotesco. Muitas vezes venderam seu material, de cidade em cidade, como se fosse um espetáculo de carnaval. Por essa razão, escrever uma história acurada do período do Espiritismo é quase impossível.

Sabemos que, não importando quem veio com a idéia "original" do tabuleiro falante, tomou emprestado fragmentos de muitas bugigangas espíritas de seus dias. Suas variações do artefato de Planchette foram simplesmente remover o lápis, permitindo assim que o triângulo apontasse para a letra desejada, pintada sobre um tabuleiro retangular de madeira, uma a cada vez, até completar a mensagem. Com isso, dois métodos importantes do período se amalgamaram: a *planchette* e a idéia de pintar o alfabeto em um tabuleiro separado, que provavelmente foram tiradas das máquinas com disco giratório anteriores.

O registro escrito mais antigo dos discos giratórios é encontrado no livro de Allan Kardec *O Livro dos Médiuns*, publicado em 1861. Seu nome verdadeiro era Hippolyte Leon Denizard Rivail (1804 – 1869) e foi considerado por alguns o fundador do Espiritismo Francês. Ele escreveu um manual clássico intitulado *The Book of Spirits* [O Livro dos Espíritos], que se tornou o livro modelo na doutrina espírita. Quanto aos discos giratórios, eram uma ferramenta singular e desajeitada. Muitos eram tabuleiros circulares, com o alfabeto pintado ao redor do perímetro do topo ou da base. Não nos queremos ocupar com os modelos que requeriam apenas uma pessoa para mover os discos giratórios, estamos mais interessados naqueles discos giratórios que requeriam o uso de dois indivíduos. Acredita-se que eles são os precursores do atual modelo do tabuleiro Ouija.

Essas rodas giratórias específicas tinham uma longa barra em T, equilibrada, transversalmente, ao meio de um tabuleiro circular perpendicular. Duas pessoas seguravam, uma em cada lado da barra em T. A parte estendida para baixo era o apontador. Quando a barra em T começava a balançar, movia o apontador em direção a letras diferentes, pintadas ao redor da base do tabuleiro. A inovação de fazer o apontador se mover utilizando duas pessoas é uma peça notável de gênio. Os recursos para conseguir movimento, sem interferência consciente, eram conhecidos há algum tempo: muitos indivíduos reputados daquele período na França estavam experimentando com o conceito de que objetos com peso extraordinário podiam ser suspensos, e transportados, pela polaridade magnética, que é inerente à Luz Astral. Isso é algo que os espíritas não descobriram ou inventaram; simplesmente incorporaram a seus métodos.

Essa habilidade para mover objetos foi usada, com muito sucesso, nas sessões de mesa espírita. Nessa técnica, duas ou mais pessoas colocavam as mãos, com as palmas para baixo, em uma pequena mesa de madeira, com os dedos estendidos para tocar os dedos das pessoas de ambos os lados, formando um círculo intato. Então, era formulada a questão e a mesa geralmente começava a balançar, a tremer ou a se mover suavemente pelo chão. A singularidade desse conceito estava na confirmação de que duas ou mais pessoas, sem habilidade psíquica aparente, podiam mover um objeto simplesmente colocando suas mãos sobre ele. Certamente, como em muitas práticas, alguns espíritas degradaram essa arte para ganhar dinheiro – se um cliente fosse incapaz de mover a mesa, então o médium, com medo de perder seu pão e manteiga, ajudava de forma fraudulenta e trapaceira.

Desafortunadamente, quando um médium foi detido por trapaça, a sociedade começou a acreditar, cegamente, que *todos* os espíritas eram impostores. Freqüentemente, os jornais procuraram por essas histórias espetaculares para vender sensacionalismo e espalhar alegremente críticas violentas aos vigaristas. As refutações de natureza positiva, oferecidas em defesa dos espíritas, foram muito poucas. O peso absoluto da má publicidade forjou um sortilégio, precipitando o fim do movimento como um todo. A época estava madura para o surgimento do tabuleiro Ouija. Se a arte fosse sobreviver, teria que ser tirada das mãos dos fraudadores e colocada nas mãos da humanidade como um todo. Apesar de os tabuleiros serem vendidos publicamente, a prática passou a ser feita a portas fechadas, escondida do olhar intrometido dos jornalistas e ridicularizadores.

É possível que o fato mais antigo sobre o qual os historiadores concordam, a respeito da origem do "Ouija" como conhecemos hoje, tem como figura central E. C. Reiche, um fabricante de caixões em Chestertown, Maryland. Geralmente se acredita que ele tinha um forte interesse em Espiritismo e sessões espíritas, devido à sua indústria singular. Ele quis criar um meio simples para se comunicar com os falecidos, mais por motivos pessoais do que para tornar público. Para começar, ele "percebeu empaticamente que uma mesa grande era algo pesado para um frágil espírito mexer para lá e para cá [então] inventou uma pequena mesa."[11] Quando se juntou a seus dois amigos, Elijah J. Bond e Charles Kennard, puseram suas mentes para funcionar e os três criaram o modelo final do tabuleiro falante. Entretanto, não sobreviveu relato escrito que permita a verificação fácil desses fatos. A essa altura, só podemos especular sobre o que teria inspirado esses três cavalheiros, ou de onde seu modelo original teria vindo.

Dentre os três, E. C. Reiche parece ter desaparecido suavemente na história e está esquecido. Charles Kennard, por outro lado, abriu a primeira companhia para manufaturar os tabuleiros falantes para o público, em 1890. Outros historiadores declaram que foi Elijah J. Bond quem começou a companhia, mas seu nome original era Kennard Novelty Company. Alguns acreditam que os dois simplesmente trabalharam juntos no projeto e, mais tarde, cada um contou a história como se tivesse fun-

---

11. Gruss, Edmond e Hotchkiss, John. *The Ouija Board: Doorway to the Occult* (Chicago: Moody Press, 1975), p. 28, citado do original *The Literary Diges*t, 3 de julho de 1920, p. 66.

dado o negócio. Para acrescentar confusão à história, apesar de a empresa ser Kennard Novelty Company, a patente para os tabuleiros falantes, registrada em 1891, estava no nome de Elijah Bond.

Independentemente de quem começou a empresa, antes desses dois, a comunicação com o mundo espiritual tinha sido destinada, quase exclusivamente, a pessoas com mediunidade, com ferramentas ou implementos espíritas especiais à sua disposição. Com o surgimento do tabuleiro Ouija de Kennard, esse já não era mais o caso. A comunicação com os espíritos estava sendo vendida, abertamente, para o público em geral, a qualquer um que tivesse $ 1,50 para comprar um tabuleiro, para o espanto de psíquicos e médiuns. Os portões para o mundo invisível tinham sido completamente abertos e estão assim desde então. O anúncio original de Kennard em um jornal local dizia: "Ouija. Um maravilhoso tabuleiro falante. Interessante e misterioso; sobressai nos resultados, clarividência, leitura da mente, percepção extra-sensorial; dará respostas inteligentes para qualquer pergunta. Testado no escritório de patentes antes da concessão destas".

Apesar de impossível confirmar, geralmente se acredita que, enquanto Kennard estava usando o tabuleiro falante, um espírito lhe disse o nome correto de seu novo aparato. Era *Ouija*. O espirito explicou que era uma palavra egípcia antiga que significaria "Boa Sorte". Alguns historiadores discordam, afirmando que era E. C. Reiche quem estava usando o tabuleiro, quando o nome surgiu; outros sugeriram que a confusão se deveu ao fato de que ambos deveriam estar utilizando o tabuleiro juntos. Típico do período, ao narrar o acontecido, cada um contou a história como se ele, e só ele, estivesse presente. Os egiptologistas modernos, é claro, se apressam a pontificar que tal palavra nunca existiu na língua egípcia, até onde sabem. Não obstante, foi assim que o nome Ouija foi obtido originalmente, e foi mantido desde então.

A empresa cresceu com suavidade e facilmente para Kennard no início, mas, se tivesse usado o tabuleiro para se aconselhar, teria antevisto problemas. No início de 1892, a empresa foi tomada, agressivamente, por dois de seus financiadores, Isaac e William Fuld. O último fora o gerente da empresa. Kennard foi forçado a vender o negócio, por precisar de dinheiro. Os irmãos Fuld decidiram então entrar com outra patente, como novos proprietários, e a registraram em 19 de julho de 1892. A patente foi colocada no nome de William apenas, o que se tornaria problemático mais tarde para Isaac.

Imediatamente, os dois irmãos mudaram o nome de sua nova empresa para Ouija Novelty Company. Foi dito de William ter uma personalidade interessante e imaginativa, que não só começou a reinventar a história do tabuleiro, com ele como inventor, mas também mudou a história do significado da palavra Ouija. O conto de que era uma palavra egípcia, obtida por meio do tabuleiro, foi abandonado. Ao criar um novo mito, William nunca negou que o tabuleiro se autonomeou, mas mudou o significado por trás do termo Ouija. Começou afirmando que eram duas palavras diferentes colocadas juntas, ambas com sentido de "sim". Uma é francesa (*oui*) e a outra, alemã (*ja*). Essa definição como um tabuleiro "sim-sim" é o que a maioria das pessoas acredita ser o significado de Ouija.

Como no primeiro empreendimento, também existiam nuvens negras no horizonte para essa empresa. Era como se uma maldição tivesse sido invocada, sobre qualquer um que ousasse ganhar dinheiro com os espíritos. Além da feroz competição de numerosas empresas, saturando o mercado com tabuleiros falantes de imitação, Isaac e William estavam com dificuldades pessoais. Isso veio à tona quando Isaac foi acusado de fraudar a contabilidade, por William, que em seguida o demitiu. Então William mudou o nome da empresa para Baltimore Talking Board Company. Ele também fez uma mudança no modelo da planchette em 1910, que é a usada até hoje: adicionou uma janela circular para melhorar a visão das letras. Isaac criou sua própria empresa de tabuleiros falantes chamada Oriole. Seu tabuleiro era a cópia, quase exata, do modelo original criado por Kennard, exceto pela remoção do nome Kennard, trocado por Oriole. Cada tabuleiro tinha um adesivo atrás onde estava escrito Southern Toy Company.

Em decorrência da animosidade pessoal entre os irmãos, obviamente suas empresas estavam destinadas a confrontos. Isso acabou com os dois irmãos no tribunal, disputando quem deveria ser creditado pelo desenho original da patente. O futuro das duas companhias corria risco. Apesar de a família ter se inclinado a favor de Isaac, foi William quem ficou reconhecido pelos tribunais como o criador do tabuleiro. Lamentavelmente, a patente anterior do modelo, de Charles Kennard, não foi considerada.

Um repórter do *The Literary Digest* se declarou surpreso, na ocasião, com o fato de os irmãos Fuld estarem brigando nos tribunais sobre quem tinha criado a idéia original, comentando, "Por que eles não perguntam para a própria Ouija a respeito da divisão do espólio? Os gregos não teriam perguntado para o oráculo de Delfos se entrassem em disputa sobre o oráculo?"[12] William Fuld replicou a isso, "Acreditar no tabuleiro Ouija? Eu diria não. Não sou espírita. Sou presbiteriano."[13] O repórter respondeu "Então vejam só, fãs de Ouija, o senhor Fuld produz a única Ouija, patenteada nos Estados Unidos e no Canadá, e comercializada em todo o mundo, mas ele não acredita nela para mais que uma questão sobre o tempo".[14]

Entretanto, muitas pessoas não acreditaram na negação pública de William Fuld, pressentiam que ele, secretamente, estaria usando o tabuleiro a portas fechadas, principalmente ao considerar que, no início dos anos 1920, se tornou conhecido porque resolveu expandir a empresa e construir um novo prédio, a partir de conselho dado a ele por intermédio de um de seus tabuleiros falantes. Um repórter foi conferir a história e perguntou a William se ele consultava continuamente seu tabuleiro Ouija ou não. Ele respondeu simplesmente: "Não. Eu construí essa fábrica por conselho do Ouija, mas não consultei o tabuleiro desde então".[15] Perguntado sobre a razão de ter parado de jogar com o tabuleiro, ele respondeu que desde a construção da empresa tudo estava "indo tão bem que não precisei começar nada"[16] ou criar agitação. Embora não tenha mais procurado orientação de seu tabuleiro falante, ou assim dizia, a empresa permaneceu extremamente bem-sucedida por muitos anos.

Então, a tragédia bateu à porta. Em fevereiro de 1927, as manchetes do jornal local estamparam: "William Fuld é Morto em Queda do Telhado".[17] Parece que William caiu acidentalmente do telhado de sua empresa em Baltimore, gerando especulações sobre sua morte. Ele só tinha 54 anos. É claro que, imediatamente, circularam boatos sobre suicídio, uma vez que os negócios, supostamente, estavam passando por tem-

---

12. "William Fuld made $ 1,000,000 On Ouija But Has No Faith In It", *The Baltimore Sun*, 4 de julho de 1920, p. 66.
13. *Ibid.*
14. *Ibid.*
15. "Claimant to Titleo of Ouija Board Craze Dies", *The Baltimore Sun*, 19 de novembro de 1939.
16. *Ibid.*
17. Wm. Fuld is Killed in Fall from Roof, Support gives way while he is helping erect flagpole atop factory", *The Baltimore Sun*, 25 de fevereiro de 1927.

pos difíceis. Outros, que estavam presentes, discordaram, afirmando que William estava supervisionando a montagem de uma haste, quando o pilar no qual estava apoiado cedeu. Disseram que ele simplesmente caiu do telhado de costas. Apesar de tudo, as histórias de suicídio persistem até hoje. Quanto a Isaac, morreu 12 anos mais tarde, em 18 de novembro de 1939, com a idade de 74 anos, nunca recebendo o crédito que alguns acreditam ter merecido.

Depois da morte de William, a empresa foi assumida por dois de seus filhos, William e Hubert. No princípio tudo correu suavemente, mas começaram a ter dificuldades para suprir a quantidade requerida pelas lojas, alguns acreditam que eles simplesmente queriam sair do negócio. Sabendo disso, os Parker Brothers se aproximaram da família em 1966 e encontraram receptividade para a idéia de outra empresa familiar controlar a produção do "oráculo enigmático". Um artigo que mencionava a venda da empresa apareceu no *The New York Times* com o título "Monopólio do Ouija".[18] A notícia dizia: "Parker Brothers Inc, de Salém, Massachusetts, fabricantes de jogos tais como Monopólio, anunciaram ontem a aquisição de William Fuld Inc. Esta seria uma aquisição rotineira, não fosse pelo fato de que o grupo Fuld é o proprietário da 'Ouija', marca registrada nos Estados Unidos". Os Parker Brothers obtiveram o direito autoral e até os dias de hoje ainda produzem o mesmo tabuleiro, com as marcas registradas de "Tabuleiros Ouija" e "Oráculo Enigmático". Por um curto período, o Tabuleiro Ouija até vendeu mais que Monopólio!

Se fosse adquirir o jogo hoje em dia, você absolutamente não encontraria nenhuma informação dentro da caixa, exceto uma nota em papel do tamanho de um pequeno cartão, que explica como montar o pé de feltro no triângulo. Em outros tempos tinha um manual que vinha junto, ou assim me lembro de quando era criança, nos anos 1960, minha família possuía um Ouija. Recentemente eu comprei o tabuleiro para obter seu manual, mas não descobri tal coisa na caixa. Quando tentei obter uma cópia no grupo Parker Brothers, me disseram, com amabilidade: "O manual que era incluído no jogo não está mais disponível",[19] fim da questão. A única informação sobre o Ouija é encontrada agora na parte de trás da caixa, onde simplesmente afirma que "Não importa se você a chama de

---

18. "Monopoly on Ouija", *The New York Times*, 24 de fevereiro de 1966.
19. Cuoco, E.M. Administrador de Relações com o Consumidor, Parker Brothers, carta para o autor, datada de 27 de janeiro de 1997.

Uii-Jii... ou Ui-ja.... o tabuleiro Ouija soletra diversão!" Tem um parágrafo curto sobre como fazer o "indicador plástico de mensagens", que é seu nome, para a *planchette* se mexer, a mensagem na caixa termina afirmando: "O que você fizer com a informação revelada é entre você – e o Enigmático Oráculo OUIJA... é só um jogo... não é?"[20]. Independentemente do comentário aliciante, o tabuleiro é vendido como se fosse um jogo de criança, que qualquer um pode jogar, sem a mínima precaução.

Em razão de seu *status* de brinquedo, qualquer menção ao tabuleiro Ouija se torna extremamente complicada, se não controvertida. Tudo gira em torno de se acreditar que é um jogo ou uma maneira para nos comunicarmos com entidades do outro lado, o que foi de fato discutido nos tribunais. Em 1920, a Baltimore Ouija Company brigou duro para não pagar impostos, em razão de que o Ouija era um "artefato científico" usado como veículo para médiuns amadores, de natureza espiritual e, portanto, deveria ser isento, pelo seu *status* religioso. Eles levaram o Departamento do Tesouro aos tribunais, para reaver o montante de $ 202,81 que tinha pago, sob protestos, em impostos.

A Corte norte-americana acreditou que, apesar de o tabuleiro ser original e criador de uma classe, também era vendido em lojas como um "jogo esportivo", e então era passível de taxação. As manchetes locais estampavam "Nada de Oculto nas Regras do Tesouro Federal sobre Ouija. Tabuleiros são Taxáveis, de acordo com Opinião Abaixo do Juiz Rose".[21] A empresa discordou e apelou da decisão sem resultado. O *The Baltimore Sun* noticiou: "O Tabuleiro Ouija é Taxável, Diz a Corte de Apelação. O Juiz Woods, em Richmond, Expressa sua Opinião Confirmando o Julgamento de Baltimore".[22] O tribunal declarou que a empresa "não pode fingir ignorar que isto [Ouija] é amplamente vendido, com a expectativa de que seja usado como meio para entretenimento social ou jogo, e assim é usado. É verdade que o automatismo é a base de seu uso, mas fenômeno de natureza psíquica, assim como os de natureza física, podem ser a base para divertimento e jogos".[23] Sem se desencorajar, a Baltimore Talking

---

20. Ouija Board Mystifying Oracle (Parker Brothers, 1992).
21. "Nothing Occult in Ouija, Federal Court Rules. Boards are Taxable, according to Opinion Handed Down by Judge Ros", *The Baltimore Sun*, 2 de junho de 1921.
22. "Ouija Board is Taxable, Appellate Court Says. Judge Woods, in Richmond, Hands Down Opinion Affirming Baltimore Judgement", *The Baltimore Sun*, 10 de fevereiro de 1922.
23. *Ibid.*

Board Company preencheu os papéis, em 13 de maio de 1922, para a Suprema Corte, que recusou ouvir seu caso, mantendo o julgamento da corte de apelação. As manchetes em Baltimore: "A Suprema Corte Recusa-se a Dizer o que Pensa do Ouija."[24] O caso foi oficialmente encerrado.

Daquele dia em diante, se tornou impossível derrubar o estigma de que um tabuleiro Ouija é simplesmente um jogo, vendido em lojas de brinquedos ao redor do mundo. O homem médio compra o Ouija pensando que é um brinquedo para seus filhos, ao invés de algo bem mais perigoso. Tanto pais quanto filhos, sem o menor treino em mágica ou precaução, podem fazer suas perguntas irrefletidas, inconscientes da possibilidade, apesar de rara, de que podem acidentalmente trazer uma entidade invisível, seu próprio "Capitão Howdy", por meio do tabuleiro, dos cantos mais longínquos de outra dimensão para dentro de seu mundo. Com muito sofrimento alguns lares, com crianças pequenas, são sujeitos a todos os horrores, tanto mentais quanto físicos, que o tabuleiro pode reunir. Tão chocante quanto possa parecer, esses indivíduos estão mais próximos do verdadeiro tabuleiro do que poderiam querer saber. Afortunadamente, muitas pessoas se tornaram complacentes, em vista da acessibilidade do tabuleiro: não a levam a sério, e de algum modo isso é bom. A maior graça salvadora, que protege a humanidade, tem sido sua própria ignorância do uso apropriado do tabuleiro.

---

24. "The Supreme Court Refuses to Say What It Thinks of Ouija", *The Baltimore Sun*, 6 de junho de 1922.

 # Capítulo Três

"Que o leitor não suponha que interrompemos nosso trabalho e ficamos tentando conquistar o dom de Abrac, desenhando círculos, ou pronunciando ditos arcaicos, condenando os negócios à negligência."
Lucy Smith, mãe do Profeta Mórmon

O tabuleiro Ouija, na sua presente forma, pode não ser tão velho, mas os princípios por trás do uso dos tabuleiros falantes para a comunicação com espíritos têm sido usados, sob várias formas, no seio das sociedades secretas e centros religiosos, há muito tempo. Temos que avançar, penosamente, por todas as possibilidades, desconsiderar os estigmas e nos aproximar do tema a partir de um ponto de vista científico. Existe pouca dúvida de que o tabuleiro falante funciona; deverá ser examinado mais adiante o que move a *planchette*. São os próprios indivíduos, uma entidade independente, ou ambos em um relacionamento simbiótico?

Atualmente existem muitos estilos de tabuleiros sendo manufaturados, e a *planchette* adquiriu formas variadas. Uma vez que o movimento dela utiliza as correntes magnéticas biológicas, congênitas em todas as pessoas, cada modelo, automaticamente, trabalhará em um ou outro grau. Todavia, o modelo da *planchette* é importante, porque determina um certo tipo de qualidade sutil colocada em uso. O modelo tradicional é, de longe, o melhor. Ele conduz ao resultado preferido pelos magistas cerimoniais, por saberem que sua forma, como artefato mágico, evoca a intenção do inconsciente de fazer um trabalho astral. A simplicidade da forma da *planchette* no modelo padrão de Ouija, com mais ou menos a forma de um coração, ou triangular, é negligenciada muitas vezes, mas, assim como o círculo mágiko, altares, mantos e insígnias, o triângulo tem função específica.

O triângulo é um lado da pirâmide cuja forma era usada pelos antigos como túmulo. A estrutura de uma pirâmide, com seu ápice para cima, projeta o espírito dos mortos para o mundo subterrâneo. Uma pirâmide cujo ápice aponta para baixo é simbólica de um útero humano. Nessa posição o que abre é um portal para dentro de nosso mundo, pelo qual um espírito pode alcançar personificação. O triângulo, enquanto imagem, tem um efeito quase arquetípico em nossa mente, especialmente em entidades invisíveis, como os elementais, que abundam no plano astral inferior. Magistas sabem, há séculos, que a imagem mágika de um triângulo age como um "estado intermediário", que não é o mundo das entidades nem o nosso. De alguma maneira é um portal que oscila entre os dois. Você encontrará imagens de triângulo nas páginas de quase todos os grimórios de mágika antiga. É de dentro de um triângulo que o magista invocará uma entidade desencarnada, para se comunicar com ela, aprisioná-la e controlá-la ao mesmo tempo.

Israel Regardie, o autor e aluno de Crowley, escreveu que "Por meio de um programa de Evocação, sejam espíritos ou poderes subconscientes, são chamados das profundezas, sendo dada a eles forma visível no Triângulo da manifestação. É só dando a eles aparência visível, por meio das partículas de incenso, e evocando-os para dentro do Triângulo Mágico, que o Magista é capaz de dominá-los, e fazer o que desejar com eles".[25] Também no grimório conhecido como *Goetia or The Lesser Key of Salomon* [Goetia ou a Chave Menor de Salomão], tem um ótimo exemplo desse triângulo mágiko típico, do qual Regardie diz "é a forma do Triângulo Mágico, dentro do qual Salomão comanda os Espíritos do Mal. Deve ser feito a 60 centímetros de distância do Círculo Mágico e ter 90 centímetros de um lado a outro. Perceba que esse triângulo é para ser colocado perto do quadrante ao qual o Espírito pertence. A base do triângulo deverá estar quase dentro do Círculo, o ponto de ápice na direção do quadrante do Espírito".[26] O termo "mal" aqui está embaralhado pela inclinação religiosa do autor, e também da época em que o livro foi escrito.

---

25. Regardie, Israel. *The Tree of Life: A Study in Magic* (New York, Samuel Weiser, Inc., 1969), pp. 203-4.
26. Crowley, Aleister. *The Goetia*, pp.71-2.

A utilização do Triângulo Mágico para convocar entidades está há séculos em torno de nós. O perigo não reside na própria simplicidade do símbolo, mas, em vez disso, em sua má utilização ao abrir um portal para o mundo invisível, sem conhecimento ou habilidade para controlar o que está sendo convocado. Mantenham isso, em primeiro plano, em sua mente quando, casualmente, colocar seus dedos sobre a *planchette*.

Em alguns dos velhos grimórios, o triângulo é ilustrado pousado em uma mesa, que também tem um espelho negro, ou uma bola de cristal, em um suporte bem no centro. O magista fica dentro de um círculo, especialmente preparado perto da mesa, e fixa o olhar dentro do cristal ou espelho. Ao entrar em um estado de transe passivo, ela pode ter visões estranhas, de imagens ou, com freqüência, palavras. Em alguns casos, entidades que guiam o magista, por meio de conversação, realmente aparecem. O que pode ser obtido com esse tipo de trabalho mágico é idêntico ao conseguido por meio de um tabuleiro Ouija.

Frater Achad [Charles Stansfeld Jones], um dos mais ardentes estudantes de Aleister Crowley, escreveu um livro chamado *Crystal Vision through Crystal Gazing* [Visão Cristalina por Intermédio do Escrutínio do Cristal], no qual ele pontifica que, a respeito da leitura de bolas de cristal, "O caso do Tabuleiro Ouija se aplica também ao Cristal".[27] as advertências e práticas são bastante similares. A *planchette* tem um círculo de plástico claro no seu centro, e pode ser comparado com um cristal. Então em vez de usar incenso, um espelho negro ou uma bola de cristal, para permitir a uma entidade algo que a revele, o homem moderno deu aos espíritos uma ferramenta por meio da qual falar – o círculo no triângulo. A *planchette* triangular é um símbolo arquetípico tão singular que age automaticamente como um portal, quando usada em um cenário específico, criado para produzir tais resultados. Quando alguém pergunta "Tem alguém aí?" mesmo quando for um jogo, isso se torna um *comando mágico,* simples, mas efetivo, para a entidade que estiver mais próxima, para ser invocada pelo portal.

Aleister Crowley fez declarações sobre esses perigos aparentes e também sobre o uso apropriado do tabuleiro Ouija. Seus comentários, publicados mais de três anos antes da decisão dos tribunais norte-ameri-

---

27. Achad, Frater. *Crystal Vision through Crystal Gazing* (Chicago: Yogi Publication Society, 1923), p. 39.

canos contra The Baltimore Ouija Company, contêm a base deste livro. Em 1917, enquanto vivia em Nova York, a Besta escreveu um artigo interessante sobre o Ouija, que foi publicado em um jornal chamado *The International*.[28] Frater Achad incorporou esse artigo em seu livro *Visão Cristalina por Intermédio do Escrutíno do Cristal* em 1923. Crowley escreveu: "Suponha que um perfeito estranho vem ao seu escritório e começa a dar ordens para seus funcionários. Suponha que uma mulher desconhecida entra na sua sala, insistindo em ser a anfitriã. Você ficará incomodado com isso. No entanto, alguns se sentam e oferecem o uso de seu cérebro e mãos (que são, antes de tudo, mais importantes do que escritórios e salas de estar), para qualquer inteligência desgarrada que está vagando por ali. As pessoas usam o tabuleiro Ouija sem tomar as mínimas precauções".

Isso é tão verdadeiro. Muitas pessoas não pensam duas vezes, quando dão permissão a qualquer entidade invisível, para que entre em sua casa por meio da *planchette* do tabuleiro Ouija. Até Ed Warren concorda com o ponto de vista de Aleister Crowley: "Quando você usa o tabuleiro Ouija, dá permissão para que qualquer espírito desconhecido se comunique com você. Você abriria a porta da frente de sua casa e permitiria entrar qualquer um que quisesse? Claro que não".[29] Entretanto, essa visão se deve mais ao medo religioso que ao aprendizado sobre como executar corretamente uma experiência. Esse é o maior problema de usar o tabuleiro como se fosse um jogo de criança: permitir a qualquer desconhecido, físico ou invisível, entrar em sua casa, é um ato imbecil. Nada é mais importante do que esta advertência sobre a falta de precauções, quando se opera o tabuleiro de forma displicente. Nesta era de internet, uma advertência similar é dada a crianças que surfam no ciberespaço. É um senso comum – não deixe estranhos entrarem em sua casa abrindo a porta da frente, por meio do telefone, um computador ou até um tabuleiro Ouija.

Que precauções podemos tomar? Como poderemos identificar com quem estamos nos comunicando realmente? Crowley escreveu que, uma vez que uma entidade tiver atravessado o tabuleiro Ouija, o "Estabelecimento da identidade de um espírito por métodos comuns é um problema muito difícil".[30] Essa é uma afirmação acurada em todos os níveis. A não

---

28. Crowley, Aleister. "The Ouija Board – A Note", *The International*, vol. XI, nº 10, outubro de 1917 (New York), p. 319.
29. Brittle, p. 109.
30. Crowley, Aleister. "The Ouija Board – A Note", p. 319.

ser que alguém seja muito bem treinado em mágika, a identidade (ou até, o tipo de entidade) deve ser determinada bem antes que lhe seja permitido se manifestar em seus arredores, de outro modo é quase impossível identificá-la como sendo boa ou maléfica, antes que seja tarde. Crowley mais adiante afirma: "A maioria das pessoas que brinca de Ocultismo nem se preocupa com isso. Eles conseguem algo, e parece que não importa o quê! Qualquer insensatez, qualquer estupidez, qualquer fragmento de algaravia, não é tomado pelo seu verdadeiro valor, mas com um valor absolutamente exagerado. A poesia mais horrorosa passará por Shelly, simplesmente se a *planchette* autenticar assim!"[31]

Certas entidades invisíveis, as quais os magistas chamam de elementais, têm a habilidade de se comunicar por meio do tabuleiro e podem se disfarçar de quem *nós* quisermos que sejam. Uma vez que têm habilidade para existir, por mutação, no interior da Luz Lunar ou Astral, elas também são conhecidas como deslizadores de forma. Essas entidades são as mais fáceis de convocar por meio do tabuleiro, e duas pessoas, simplesmente pousando suas mãos na planchette, lhes permitem o acesso ao nosso mundo, por meio da polaridade e do magnetismo humanos. Seu reino astral possui uma qualidade quíntupla, que em outro nível é imitada pelos atributos dos dedos de cada mão. Crowley encara as mãos como "as ferramentas ou os instrumentos por excelência".[32] As razões para tal são multifacetadas, freqüentemente sexuais, mas certamente estão em todos os planos.

Anteriormente, mencionamos os Dactyls, as entidades invisíveis que nasceram quando a deusa Rhea tocou a terra com seus dedos. Os Dactyls são o que as feiticeiras chamam de companheiro, e um amador confiante denominaria de *poltergeist*. No passado, outros já se referiram a essas entidades simplesmente como demônios, ou até fadas, duendes, fadinhas, diabrete, elfos, gnomos, ou toda a hoste das "pequenas criaturas", dependendo do tipo de elemental que está se manifestando. Isso é determinado pelas qualidades de terra, fogo, água ou ar. A quinta qualidade está velada no interior das quatro. Dependendo das crenças da pessoa, os nomes mudam, mas a existência de algo, no interior do reino astral invisível, permanece a mesma. Entretanto, o termo "elemental" dos magistas é provavelmente o mais próximo da verdade, uma vez que contempla a essência da entidade, antes que se transforme, revestida por nossos conceitos pessoais, ou inclinações.

---
31. *Ibid.*
32. Crowley, Aleister. *The Book of Thoth* (New York: Samuel Weiser Inc., 1973), p. 88.

Em conseqüência de serem trapaceiros por natureza, alguns se referem aos elementais como maléficos, ou espíritos mentirosos, até os chamando de demoníacos, o que é inexato. Magistas estão bem cônscios de que um elemental pode mudar de forma ou assumir qualquer identidade que lhe for imposta. A Lua, que rege o astral, não tem luz própria. Ela reflete a imposta sobre ela por um Sol, ou pelos que vivem à luz do dia, isto é, você. Todo homem e toda mulher são uma estrela (*Liber AL vel Legis* I:3). É muito fácil para essas entidades se tornarem Shelly, Mozart, Cleópatra, sua finada avó, ou simplesmente um fantasma, que você acredita estar assombrando sua casa. Quem eles se tornam é determinado pelos tipos de perguntas e pensamentos internos seus – se quer comunicação com sua avó morta, então essas entidades podem se tornar seus parentes falecidos.

Apesar disso não podemos afastar a idéia de uma entidade desencarnada soletrar poesias, simplesmente porque Aleister Crowley possa se referir a ela como "extremamente ruim". Devemos sempre nos lembrar do ego de Crowley – ele odiava quase todos os poetas que não fossem ele mesmo. No entanto, no mundo mundano, se um indivíduo nos mostra um poema ruim, não desencorajamos outros de tentar. Com o tabuleiro Ouija, existiram indivíduos que levaram as mensagens recebidas a extremos, construindo a partir de comunicações prévias, dia após dia, até obterem resultados admiráveis. Esta é uma pista para o sucesso do Ouija.

Outro exemplo de um indivíduo guiado por "algo" é o trabalho de Jane Roberts. Ela é autora de sucessos editoriais como *The Coming of Seth* [A Vinda de Seth] e *The Seth Material* [A Matéria de Seth], ambos obtidos em 1963, depois que começou a se comunicar com uma entidade chamada Seth, por meio de um tabuleiro Ouija. Ela atingiu um alcance fantástico nos dias de hoje, e seus livros podem ser encontrados em livrarias ao redor do mundo. Ela não é a primeira a obter resultados interessantes utilizando o tabuleiro: em 8 de julho de 1913, uma dona-de-casa de St. Louis, com muito pouca educação formal, chamada Pearl Curran, se comunicou com uma entidade por meio do tabuleiro Ouija, que começou a soletrar, "Há muitos meses atrás eu vivi. Eu venho novamente. Meu nome é Patience Worth". Ao fim dos cinco anos seguintes ela recebeu 29 volumes grossos de material, desde contos, peças teatrais e romances completos, até epigramas e poemas. Muitos foram aclamados como obras-primas literárias.

Existe pouca dúvida do relacionamento extraordinário criado entre Pearl e uma entidade que se autodenominou Patience. Entretanto, com a fama vieram a pressão e as críticas. Para permanecer entre seus novos amigos literatos, Pearl começou a negar que o tabuleiro Ouija fosse o responsável pela produção das histórias. Ela começou a reivindicar a autoria. Os mais próximos dela sabiam que não era assim; alguns inclusive comentaram que ela era na verdade parva demais para perpetrar tal fraude. Mesmo os filólogos que estudaram seu trabalho afirmaram que Curran, com sua educação limitada e inteligência infantil, não teria condição de escrever romances, nos quais a maioria das palavras era derivações medieval de anglo-saxão. O mais desorientador para os acadêmicos era o fato de seus romances não conterem nenhuma palavra que entrou na língua inglesa depois do século XVII. Se era uma fraude, era muito boa.

Foi durante esse período que Emily Hutchings, uma das amigas de Pearl, tentou utilizar o Ouija. Ela declarou ter contatado o espírito de Mark Twain que lhe ditou uma história pós-morte. Publicada em 1917, tinha o título de *Jap Heron, A Novel Written From The Ouija Board* [Garça Japonesa, uma Novela Escrita por Meio do Tabuleiro Ouija], Aleister Crowley fez uma resenha desse livro com desenvoltura no *The International*[33] sob o pseudônimo de Miles, situando o tom já de início. "Falsificações literárias são interessantes algumas vezes, mas têm que ser engenhosas." Ele continua: "Não temos dúvidas de que os espíritas que o fizeram são sinceros. Eles podem pensar que Mark Twain escreveu esse livro; mas se o fez, Mark Twain simplesmente esqueceu como se escreve". De fato, o livro é tão ruim que a maioria dos críticos do período questionou se Mark Twain não teria deixado sua habilidade para escrever, junto com seu cérebro, em seu caixão quando morreu!

A grande perspicácia de Crowley na resenha é quando escreve, "No livro parece existir uma espécie de esmerada imitação de estilo, como a que poderia existir ao alcance de um desses espíritos elementais brincalhões, que adoram se divertir com aqueles que os invocam sem precauções magistas apropriadas", explicando que duvida que Mark Twain escreveu o livro e, se o fez, "Ele se arrasta mil milhas aquém do mais débil entre seus esforços terrenos". Ele graceja que Mark Twain escreveu

---

33. Crowley, Aleister, resenha de livro: *Jap Heron, A Novel Written From The Ouija Board. The International*, Vol XI, nº 9, 1917 (New York), p. 284.

"uma bela fornada de material de terceira classe, humor forçado, sentimentos falsificados, por vezes pura pretensão" mas que "esse livro é uma revelação de quão boa era aquela porcaria".

Certamente, existem outros indivíduos que produziram trabalhos interessantes por meio do tabuleiro Ouija. O ganhador do prêmio Pulitzer James Merrill escreveu um trabalho poético completo, constituído por três volumes surpreendentes, intitulado *The Changing Light at Sandover* [A Luz Variável em Sandover]. Ele admitiu que a maior parte do livro foi uma co-autoria, a partir do uso do tabuleiro Ouija em 1953 – outro exemplo de algo notável obtido por meio de uma relação simbiótica entre o tabuleiro e o usuário. O tabuleiro Ouija é incontestavelmente o catalisador, a única trilha consistente que esses e outros escritores compartilharam. Mesmo que acredite que todas essas pessoas *somente* bateram à porta de seu próprio gênio criativo, que aflorou por meio do tabuleiro, não teria sido importante descobrir como isso pode ser focado e canalizado, para que suas habilidades adormecidas se desenvolvam? Você já pensou em como utilizar todas as informações que esqueceu, durante a sua encarnação, que podem estar esperando, na profundeza de seu subconsciente, para ser processadas, como o conhecimento estocado na unidade de processamento de um computador?

Muitos desses escritores mencionados, que começaram com um tabuleiro Ouija, mais tarde obtiveram a habilidade da escrita automática, o que sugere o desenvolvimento de poderes latentes. Ao contrário da crença popular, uma pessoa que utiliza a escrita automática não está sempre em um transe profundo ou escrevendo sem conhecimento consciente de suas ações. Escritos automáticos podem, de fato, ser produzidos no estado desperto ou, de preferência, em semitranse, desde que não exista interferência da mente consciente. Esse modo é similar ao trabalho com um tabuleiro Ouija. Em ambos os casos, a pessoa é totalmente consciente de cada e todas as coisas que acontecem a seu redor. O segredo está em permanecer inteiramente passivo.

Embora muito do que se obteve com a escrita automática foi um amontoado de garranchos irreconhecíveis, em alguns casos raros palavras e documentos profundos são conhecidos como tendo sido canalizados e lançados, em uma velocidade alarmante, por meio de seu uso. Considere o livro *Oahspe*, que apareceu em 1882: comunicado por escrita automática, pelo autoproclamado clarividente dr. John Newbrough, e saudado como uma nova bíblia com suas 900 páginas!

Capítulo Três

Provavelmente, o livro oculto mais famoso, obtido por meio de escrita automática, é um pequeno volume conhecido como *Liber AL vel Legis*. Esse livro foi ditado a Aleister Crowley, enquanto em estado de transe, por uma entidade invisível, no Cairo, entre 12h e 13h, em três dias sucessivos, 8, 9 e 10 de abril, no ano de 1904. O autor invisível chamava a si mesmo de Aiwass, e afirmava ser "o ministro de Hoor-paar-kraat", isto é, um mensageiro das forças que, agora, estão regendo a terra, no Aeon emergente de Aquarius. Essa nova Bíblia apresenta um código de conduta muito simples, para qualquer um que queira seguir a filosofia por trás da Verdadeira Vontade. Isto é: "Faze o que tu queres, será o todo da Lei", "Amor é a Lei, amor sob vontade", e "Não há lei além de Fazer o que tu queres". *Thelema* é a palavra grega para Vontade, e aqueles que seguem essa lei são chamados thelemitas.

Existem muitos métodos por meio dos quais entidades se comunicam com mortais. Se vamos para dentro de seus reinos ou os trazemos para o nosso, o resultado é o mesmo: algo é comunicado e algo acontece entre eles e nós. Mesmo *The Book of Mormon* [O Livro dos Mórmons] tem sua origem bem enraizada na utilização de cerimonial mágiko e divinação angélica por leitura de cristais. É bem sabido que Joseph Smith leu o tratado magista de Francis Barrett, conhecido como *The Magus* [Magus] (1801). A partir dele, aprendeu como usar um cristal para obter visões angélicas. Todavia, no início, ele procurou, predominantemente, tesouros enterrados e objetos perdidos. Toda essa informação veio à luz quando historiadores descobriram que Joseph Smith foi preso como "leitor de espelhos" fraudulento e considerado culpado em Bainbridge, Nova York, em 1826.

Os relatos dos tribunais afirmam que Joseph Smith "tinha perscrutado certa pedra para determinar a localização de tesouros escondidos nas entranhas da terra". As "pedras de espreitar" de Smith, como se tornaram conhecidas, eram descritas por sua mãe Lucy em seu *Biographical Sketches of Joseph Smith the Prophet* (1853) [Esboços Biográficos de Joseph Smith, o Profeta] como "dois diamantes graciosos de três cantos, engastados em vidro, os vidros fixados em aros de prata, conectados um ao outro de maneira parecida com a de óculos antiquados".[34] Mais tarde,

---

34. Tanner, Jerald e Sandra. *Joseph Smith & Money Digging* (Salt Lake City: Utah Lighthouse Ministry, 1970), p. 15.

Smith chamou essas pedras de seus Urim e Thummim, e testemunhas disseram que eram mais ou menos do tamanho, não da forma, de ovos de galinha. Ele os usava como óculos, então cobria o rosto com seu chapéu, para escurecer o fundo e excluir a luz exterior. Foi dito que, nessa escuridão, a luz espiritual era concedida pelas pedras, e visões obtidas.

Em edições posteriores dos relatos históricos de Lucy Smith, a descrição das pedras foi eliminada. De fato, no decorrer dos anos, as pedras experimentaram muitas mudanças extraordinárias de descrição. Esse tópico tem sido, desde sempre, o problema da Igreja Mórmon, pois permite insinuar que alguma forma de leitura de cristais foi usada, por seu profeta, no recebimento de sua Bíblia.

Existe outra revelação assombrosa feita por Lucy Smith sobre o tema. Ela estava inquieta com a possibilidade de que, após o julgamento, todos pudessem pensar que seu filho Joseph, e toda a família, fizesse pouco mais que lidar com coisas ocultas. No rascunho preliminar de seu livro, ela escreveu "que o leitor não suponha que interrompemos nosso trabalho e ficamos tentando conquistar o dom de Abrac, desenhando círculos, ou pronunciando ditos arcaicos, condenando os negócios à negligência".[35] Quando seus relatos finalmente foram publicados em 1853, esse parágrafo, que continha a palavra Abrac, foi convenientemente omitido. Entretanto, seus rascunhos originais sobreviveram, para que todos vissem, nos arquivos históricos da Igreja Mórmon. A igreja não nega suas declarações, mas o mero fato de mencionar o dom de Abrac significa que ela conheceu, ou pelo menos ouviu a respeito, os ensinamentos secretos da Maçonaria.

No livro de Robert Hullinger *Mormon Answer to Skepticism* (1980) [Mórmon Resposta ao Ceticismo], ele escreve: "Abrac, de Abracadabra e Abraxas, é uma palavra ou fórmula usada em amuletos para produzir encantos mágicos. Os maçons do século XVIII diziam saber como dissimular 'o modo de obter o dom de Abrac', o que significava que sabiam como obtê-lo".[36] O conhecimento sobre o dom de Abrac está à nossa volta há centenas de anos. Entre os papéis pessoais do rei Henry

---

35. Walters, Wesley P. *Joseph Smith's Bainbridge, NY Court Trials* (Salt Lake City: Utah Lighthouse Ministry, 1974), p. 127 Para estudos avançados no tema 'dom de abra' e sua relação com Mormonismo sugiro o livro de Jerald e Sandra Tanner *Mormonism, Magic and Masonry* (Salt Lake City: Utah Lighthouse Ministry, 1988).
36. Mackey, Albert G. *A Lexicon of Freemasonry* (Pennsylvania: Moss, Brother & Company, 1859), p. 13.

VI (1421 – 1471), em sua própria letra cursiva, está a declaração de que os maçons de seu período ocultavam "o dom de Abrac"em seus papéis pessoais e ensinamentos. O autor James Hardie, tão longe quanto 1818, confirma isso em *The Free Mason's Monitor* [O Monitor do Maçon Livre]. Também o faz Henry Wardin em seu livro *Free Masonry, Its Pretensions Exposed in Faithful Extracts of its Standard Authors* [A Maçonaria Livre, suas Intenções Expostas em Excertos Fiéis de seus Autores de Apoio], publicado em 1828. Ambos discutem como certos ensinamentos maçons conduzem o candidato à ascensão em direção ao "caminho para obter o dom de Abrac".

Os meios pelos quais indivíduos como Joseph Smith e outros obtiveram sua interação com os deuses foram muitos e variados. A história mostrou que alguns usaram escrutínio de bola de cristal ou visualização de cristal, enquanto outros empregaram adivinhação, escrita automática e até tabuleiros falantes. O que muitos desses indivíduos tinham em comum é que cada um deles tomou para si uma dessas artes aparentemente simplistas e a elevou a um patamar que poucas pessoas poderiam ter antevisto, a não ser os treinados nas artes mágikas.

O "dom de Abrac" é uma habilidade que permite que os indivíduos obtenham conhecimento oculto, ou Gnosis, com o mundo dos espíritos e com os anjos. Refere-se, especialmente, a entidades específicas, que descem por meio do nosso Sol, que, de acordo com os gnósticos cristãos antigos, é regido pelo deus Abraxas. O uso, consciente ou inconsciente, que Joseph Smith fez dessa fórmula começou quando estava procurando tesouros enterrados, em 1823, quando uma de suas visões lhe disse que anotações secretas estavam enterradas em Nova York. A localização exata dessas anotações só lhe foi revelada quatro anos depois. Essas anotações, ou placas de ouro, foram traduzidas com a utilização de suas "pedras de espreitar" e ficaram conhecidas como *The Book of Mormon* [O Livro de Mórmon]. Lembre-se, de que foi a mãe de Joseph Smith quem chamou suas pedras de espreitar de "diamantes com três cantos". Dizem que as pedras mágicas, cujas propriedades melhor refletem o Sol, são os diamantes. Especulou-se que as pedras de espreitar de Smith seriam diamantes Herkimer, encontrados em apenas um lugar em todo o mundo – a leste de onde Joseph Smith obteve suas visões, no município de Herkimer, Nova York.

O Herkimer é um quartzo de duplo acabamento, formado em leitos rochosos, datados de meio bilhão de anos. Tem qualidade geométrica semelhante à dos diamantes, é muito similar em limpidez e dizem, a seu respeito, ser uma das poucas pedras a rivalizar com os verdadeiros.

Metafisicamente, ou em tradições ocultas a respeito de pedras, o Herkimer é associado com a ativação do terceiro olho, ou Ajna Chakra, que amplia a capacidade de vidência. De fato, os indígenas americanos usavam os Herkimer como "pedras de sonhar". Essas podem ter sido as pedras de espreitar usadas por Smith, mas é difícil, a essa altura, assegurar, graças às confusões da Igreja sobre o caso, ao descreverem as pedras como sendo tudo, desde cristalinas até cor de chocolate.

Como tudo isso remete ao tabuleiro Ouija? Se tivéssemos que estabelecer a diferença entre a pessoa comum que usa o tabuleiro Ouija e o magista, esta seria o dom de Abrac. Tudo se reduz às pessoas comuns abrindo um portal que lhes permite chafurdar no plano astral inferior, que é geralmente igualado a Yesod, ou à Lua, na Árvore da Vida Cabalista, enquanto Abrac simboliza um portal aberto a Tiphereth, o Sol, onde as entidades superiores, como anjos, têm permissão para descer.

Não estou dizendo agora que com um elemental inferior você não possa produzir coisas extraordinárias. Muitos dos autores citados possivelmente trabalharam com entidades astrais, mas é difícil determinar sem anotações mágicas acuradas. Apesar de que, com a ajuda da sorte, alcançar o portal solar, e sua abertura, é o objetivo final, para muitos isso leva anos, sob as melhores condições. Primeiro temos que aprender sobre o astral inferior. É o reino mais fácil de abrir, mas é o que, com freqüência, pode conduzir magistas não treinados à desorientação, se não são cuidadosos. Apesar disso, todos os magistas devem aprender a seu respeito e dominar esse reino elemental.

Os mais "luz-branca" ou cegos religiosamente podem argumentar de outro modo, acautelando-o a evitar esse "reino demoníaco das trevas" e buscar somente a Luz. Eles acreditam que você deveria evitar os reinos lunares inferiores de Hecate e só buscar o Sol. Entretanto, os magistas acreditam que você precisa aprender sobre o reino dos elementais inferiores. Você deve caminhar pelas trevas, antes que possa ver a Luz e enfrentar, vencer e utilizar todos os seus próprios fantasmas.

Retornando ao tema da produção de poesia, manuscritos e livros por meio do tabuleiro Ouija, a sra. Hester Travers Smith, uma pesquisadora de paranormalidade, escreveu sobre esse fenômeno em seu pequeno volume, singular, honesto e saudavelmente cético *Voices from the Void*

[Vozes do Vácuo], que surgiu em 1919. Ela escreveu sobre como foi marcante testemunhar uma história genuína sendo criada por intermédio de um tabuleiro Ouija, "a rapidez impressionante na qual os padrões da trama se desenvolveram, o navegador voa letra a letra, pausando raramente em busca de uma palavra; a história se revela, quase tão rápido, como se alguém estivesse contando uma história bem conhecida. Seria lisonjeador acreditar que era um mero despertar de poderes criativos latentes nos utilizadores; não dou crédito a essa opinião. Essas tramas não estão na consciência dos médiuns. Estar diante dessas pessoas sentadas traz reminiscências de pesca em alto-mar, não se pode prever se um peixe-voador, uma enguia ou um badejo será trazido pela linha. Algumas dessas histórias são modernas, outras, antigas, a maioria delas melodramáticas, algumas muito originais. Estou convencida de que elas vêm a partir de uma influência externa, apesar de terem um toque dado pelo gosto literário do médium".[37] Tudo considerado, ela concorda, assim como eu, que são necessários estudos complementares nessa área. "Admita alguém a presença de uma influência exterior ao médium, ou atribua esse fenômeno a um despertar anormal dos poderes criativos do médium, em um estado de semi-hipnose."[38]

Mesmo que não acredite em uma entidade externa afetando os movimentos da *planchette*, e perceba que é apenas você funcionando, em um nível mais profundo, isso não merece desenvolvimento? Especialmente se considerarmos que Aleister Crowley escreveu, sobre o Santo Anjo Guardião Pessoal, que deve ser pouco mais que seu Si Mesmo Superior, ou gênio pessoal enquanto manifestação.

Hugh Lynn Cayce, o filho de Edgard Cayce, acreditava que é o indivíduo quem move o triângulo, e explicava: "A informação que geralmente vem é sobre o que é esperado, da mente subconsciente, no interior da qual todos os tipos de pensamentos foram suprimidos e pressionados. O resultado de tal esforço pode ser uma mistura desconcertante de *nonsense*, sujidades e filosofia barata. Afortunadamente, em muitos casos, o resultado é esgotamento, impaciência e a descoberta é de pouca ajuda e, com freqüência, excessivamente tola".[39] Ele segue, concordando

---
37. Smith, Mrs. Hester Travers. *Voices from the Void: Six Years' Experience in Automatic Communications* (London: William Rider and Sons, Ltd., 1919), pp. 102-3.
38. *Ibid.*, p. 106.
39. Cayce, Hugh Lynn. *Venture Inward* (New York: Harper & Row, 1964).

com Smith, que uma pequena porcentagem de pessoas que insistem no uso de um tabuleiro Ouija descobre níveis profundos "de onde vem prosa poética ou poesia, e freqüentemente grandes doses de admoestação religiosa".

Como muitos que pesquisaram o tabuleiro, ele acredita que certos indivíduos têm a habilidade de explorar os níveis criativos, no interior de seu próprio subconsciente, por meio de seu uso. Eu discordo sobre se os níveis criativos estão sendo acessados inconscientemente ou guiados por algum ser externo; acredita-se que quanto mais profundo mergulharmos nas águas astrais, mais tênue a linha de diferenciação entre o que são "eles" e nós. Alguns magistas declaram até que é quase impossível diferenciar se você ou uma entidade astral está controlando a *planchette*, e que na verdade essa distinção não é necessária.

A comunidade científica tende a afastar a premissa de que a *planchette* se movimenta a partir de algum meio externo, guiada por anjos, seres invisíveis ou elementais, colocando a origem do deslocamento unicamente dentro da própria mente subconsciente do indivíduo, sentindo-se bem mais confortável em reconhecer habilidades psíquicas e PES (Percepção Extra-Sensorial) em detrimento de entidades invisíveis dos reinos de Deus. Antes de tudo, Deus não é real para muitos indivíduos em nossa sociedade atual, mas uma metáfora. Afirmar o contrário implica aceitar todos os seres invisíveis de que se tem rumor de existir em seu reino. Isso abriria uma imensa lata de minhocas para nossa sociedade moderna. É muito mais fácil simplesmente afirmar que não devemos confundir a questão, com histórias sobre seres invisíveis, e isso é apenas algo que os próprios indivíduos, de fato, estão fazendo, ponto final. Mas seres invisíveis são reais e podem entrar no inconsciente de alguém, o que qualquer médium confirmará. Seja resultado da comunicação de espíritos, movimento do triângulo de um tabuleiro Ouija, ou mesmo acesso às energias psíquicas, o resultado final é simplesmente o mesmo. Algo externo se movimenta pelo nosso sistema psíquico. Nem sempre é o subconsciente atuando para satisfazer um desejo.

Realmente é bem sabido, entre magistas cerimoniais, que um indivíduo pode se tornar qualquer espírito invocando a força dessa deidade para si. Nesse caso, o magista subjetivamente se identifica com a força invocada. Os motivos para induzir essa forma de possessão variam, mas geralmente acontece quando o magista invoca algo, que ele, ou ela, sente faltar em sua constituição. O resultado final é que o magista fortalece seu caráter.

Muitos livros que tratam de mágika cerimonial abordam o tema a partir desse nível, apesar de poucos prepararem o leitor para o êxito como veículo, e para o que isso realmente implica, esquecendo o velho axioma de que, se não consertar primeiro a rachadura na vasilha, o leite se espalhará sobre o chão. Todos precisam preparar sua anatomia psíquica para o influxo de novas correntes.

Ao contrário do que alguns o levam a acreditar, você não nasceu com a habilidade. O método da subjetividade mágika, ou invocação de forças para fortalecer o caráter, não é alcançado facilmente com um tabuleiro Ouija e, de fato, nem mesmo é recomendado a não ser com a ajuda e a supervisão de um magista bem treinado. Os perigos são evidentes, como a possibilidade de que obsessões pessoais, ou possessões, sejam reforçadas negativamente ao invés de positivamente. A história verdadeira por trás do *O Exorcista* é um exemplo clássico de entidades (ou forças) que possuíram um indivíduo depois de libertadas por meio do tabuleiro Ouija. Apesar de alguns poderem chamar essas forças de demoníacas ou maléficas, elas não são nada disso. As peculiaridades das percepções religiosas de um indivíduo não devem ser atribuídas a entidades invisíveis, que apenas estão tentando satisfazer suas vontades, desejos e até medos inconscientes.

Para que seja seguro, deve-se sempre acionar o tabuleiro evocando uma entidade para dentro do triângulo, ou *planchette*, então lhe comandar que permaneça lá durante todo o ritual. Ela nunca deverá ser atraída para o interior ou através de um indivíduo. Não se deve exagerar na ênfase. A chave é a diferença entre os termos "invocar" e "evocar". Nada é mais desconcertante e contraditório que o uso desses dois termos. Aleister Crowley tentou facilitar a compreensão da diferença dos termos quando escreveu "Invocar é chamar para dentro, exatamente como evocar é chamar para fora".[40]

De qualquer maneira, o eufemismo mágiko "Assim Em Cima Como Em Baixo" sugere que ambas, evocação e invocação, não somente lidam com habilidade espiritual pessoal, mas também com métodos exteriores para chamar entidades reais. A diferença entre os dois métodos é na verdade bem simples. Quando se discutem os termos invocar e evocar con-

---

40. Crowley, Aleister. *Magick in Theory & Practice* (New York: Castle Books, 1965), p. 15.

siderando habilidades pessoais, a referência é feita a dois métodos distintos de Alta Mágika. Com invocação, forças universais são convocadas de cima para inundar a consciência. Enquanto, usando o termo evocação, o magista se identifica como sendo o universo e a draga das profundezas de seu subconsciente certas forças adormecidas, requeridas para equilibrar suas imperfeições. Ambos os métodos usam o magista como veículo.

Quando utilizamos esses termos para discutir a comunicação com entidades ou anjos reais invisíveis, a invocação subentende que a comunicação é feita com um ser desencarnado por meio de um vidente ou psíquico. Nos casos mais drásticos é pela possessão mesmo – a entidade é invocada para dentro, ou por uma pessoa real para se comunicar. Isso pode ser muito perigoso, para quem não está treinado, e não é recomendado.

Evocar subentende que o magista está convocando uma entidade para dentro de outro veículo exterior que não seja o magista, como um tabuleiro Ouija ou um triângulo mágico. É plausível também dizer que os termos sugerem a direção de onde uma entidade é convocada. Se um ser invisível é chamado dos planos acima de nossa terra, então está sendo invocado do universo para baixo. Se a entidade é fronteiriça desse plano, ou se sua origem é abaixo do nosso plano, então o evocamos para cima de suas profundezas. A invocação atrai para baixo, enquanto a evocação atrai para cima.

Lamentavelmente, essa atitude tende a agrupar seres invisíveis tanto na categoria dos anjos como dos demônios. Os termos são confusos, dependendo de quem você está lendo; mesmo Crowley, por meio de seus muitos livros, tende a confundir os termos, como outros magistas fazem. Quando refletir sobre esses dois termos, relacionados com um tabuleiro Ouija, deverá sempre evocar ou chamar para fora uma entidade. Crowley escreveu, "Você invoca um Deus dentro de um Círculo. Você evoca um espírito para dentro do Triângulo".[41] Com isso em mente, a natureza do Ouija é óbvia. A *planchette*, ou apontador de um tabuleiro Ouija, tem a forma de um triângulo. Isso indica a verdadeira natureza do tabuleiro e seu uso como uma ferramenta para evocar ou manifestar forças.

Em certo sentido, é lamentável que o tabuleiro falante tenha se tornado um brinquedo popular. Seu potencial pleno nunca foi levado a sério. Com

---
41. *Ibid.*

tantos estudos diferentes feitos por pesquisadores, psicólogos e parapsicólogos, os quais acreditam que os frutos do tabuleiro são pouco mais que divagações de uma mente inconsciente, é difícil tentar restaurar ou elevar, o tabuleiro Ouija a seu verdadeiro *status*, como ferramenta espiritual capaz de criar uma ponte entre os mundos. Apesar de muitas autoridades associarem os tabuleiros falantes a entidades desencarnadas, e o terem feito por muito tempo, geralmente negam o fato e evitam aceitá-lo publicamente.

    Poucos indivíduos tentaram fazer pesquisas honestas sobre o tabuleiro Ouija. A maioria dos escritores aborda o tema a partir do ponto de vista contaminado de uma testemunha ou pesquisador do tema, ao invés de tentar uma atitude mais mão na massa, realmente usando o tabuleiro, eles mesmos, para determinar sua validade. Uma pessoa que realmente usou o tabuleiro para a base de sua pesquisa foi a sra. Hester Travers Smith, que mencionei antes brevemente. Ela publicou muitos de seus experimentos em *Vozes do Vácuo*, onde escreve mais como uma participante, que experimenta o tabuleiro em primeira mão, em vez de uma observadora que tende a olhar o que está sendo visto com ceticismo. Como a maioria dos médiuns de seu período, ela não gosta dos tabuleiros Ouija produzidos em massa, chamando-os de "aparatos que podem ser comprados em qualquer loja de brinquedos infantis no departamento de 'jogos'"[42]. Seu argumento era de que a "*planchette* é o mais desajeitado, primitivo e pouco satisfatório 'autoscópio' possível, e recomendaria a qualquer um que queira experimentar nesse campo de pesquisa a evitar esse método específico".[43]

    Acredita-se que a verdadeira razão pela qual muitos médiuns de seu tempo odiavam utilizar o tabuleiro Ouija comprado em lojas é que, além de tudo, "barateava" sua arte, que já estava sob suspeita, por nada além de pura ignorância. Médiuns também tentaram minimizar a capacidade do tabuleiro Ouija, com o objetivo de afastar o público de seu ganha-pão. Se todos pudessem fazer isso, quem pagaria preços exorbitantes para um médium? Indiferente, como muitos médiuns, Smith preferiu a versão padrão dos tabuleiros falantes usada por volta da virada do século, descrevendo-a em profundidade em seu livro. "O melhor tabuleiro Ouija, o que usei invariavelmente, é um tabuleiro de cartas coberto com feltro verde,

---

42. Smith. *Voices*, p. 4.
43. *Ibid.*, p. 5.

no qual as letras do alfabeto, os números de 0 a 9 e as palavras 'sim' e 'não' são dispostos, recortados separadamente em pequenas peças de cartão; sobre isto é colocada uma lâmina de vidro, do mesmo tamanho do tabuleiro. O navegador consiste de uma pequena peça de madeira, com pouco mais de um centímetro de espessura, calçado com três pequenas peças de feltro e tendo no topo uma peça de borracha macia onde os dedos descansam."[44]

O livro é recheado de opiniões reputadas como sagradas por pesquisadores, no que diz respeito ao tabuleiro Ouija. Por exemplo, quando ela se questiona se está ou não movendo o tabuleiro inconscientemente, escreve com honestidade: "A cruz de decidir se é uma influência externa ou não que age consiste em determinar quão longe o si mesmo subliminal tem parte nesses experimentos. Ninguém que esteja presente está em posição mais difícil para julgar isso do que o próprio automatista. Quando uso o tabuleiro não estou consciente de que minha condição é diferente da normal, mas se me perguntassem se usei ou não minha mão para empurrar o navegador para certas letras seria incapaz de responder. Se faço isso, de minha parte, é uma ação inteiramente subconsciente. O que posso afirmar com segurança é que, após um tempo curto, mensagens vêm ao meu cérebro antes que sejam escritas, e novamente sou incapaz de dizer se são sugestões de uma entidade exterior ou não. Sou inclinada a acreditar que são; pois algumas vezes vêm sentenças que são exatamente o contrário do que eu esperaria, e novamente, quanto mais desejo que o navegador mova por mim, mais ele fica parado".[45]

Em seu próprio sumário do Ouija, ela reconhece que "o que torna quase impossível um pronunciamento claro sobre o assunto é o fato de que, não importa a teoria que tenha, é difícil manter-se fiel a ela rigidamente, pela simples razão de que, apesar de o resultado de nove sessões poder ser atribuído a nosso si mesmo subliminal ou telepatia, na décima sessão algo pode acontecer que nos perturba e confunde e nos leva a crer que, no fim das contas, algo sobrenatural nos possuiu".[46] Qualquer um que já tenha utilizado o tabuleiro por um período longo de tempo concordará com suas conclusões. Entretanto, não são necessárias dez sessões para alcançar a comunicação com uma entidade desencarnada. Por meio

---
44. *Ibid.*, p. 7.
45. *Ibid.*, pp. 72-3.
46. *Ibid.*, p. 92.

Capítulo Três

de cerimonial mágico, sob um controle apropriado, os resultados são quase imediatos, e em todas as vezes.

Todavia, mesmo sabendo que o tabuleiro Ouija pode ser usado de maneira apropriada, é duvidoso que Ed ou Lorraine Warren recomendassem seu uso um dia. É evidente que ficaram aterrorizados, e não estão sós; suas opiniões são compartilhadas por muitos e, por um lado, não devemos criticá-los ou responsabilizá-los por seus medos religiosos. Ed Warren afirma: "O tabuleiro Ouija abre as portas para o sobrenatural, para o ataque do sobrenatural... (quando) você usa o tabuleiro Ouija, está se comunicando com um reino invisível e intangível, e espíritos negativos podem entrar através do tabuleiro".[47] A maioria dos pesquisadores concorda com seus comentários, mas magistas não queimariam o tabuleiro tão rápido.

De fato existe um modo correto de usar o tabuleiro Ouija. A sra. Hester Travers Smith nos dá uma advertência clara: "Tenha paciência, seja prudente, nunca permita que uma pessoa desequilibrada ou histérica tome parte em suas sessões, satisfaça-se com pequenos resultados, não procure algo sensacional, trabalhe com regularidade e não deixe sessões maçantes o desencorajarem. Com cautela e sabedoria poderá alcançar mais".[48] Crowley comenta: "Existe, entretanto, um bom modo de usar esse instrumento para conseguir o que você quer... para que alienígenas indesejáveis não possam interferir".[49]

Como funciona o tabuleiro é um dos grandes debates dos nossos dias. Muito do que é escrito sobre o tema tende a reconhecer o tabuleiro apenas como um meio de bater à porta do subconsciente, nenhum escrito até agora revelou o que algumas pessoas suspeitaram todo o tempo: o mundo espiritual existe, tanto quanto suas hostes, tanto boas como más. Você pode correr imediatamente para comprar um tabuleiro Ouija para descobrir essa Verdade por si mesmo. Se o fizer, assegure-se de ler com atenção o lembrete na parte de trás da caixa: "Ouija... é só um jogo... não é?".

---

47. Hunt, p. 69.
48. Smith. *Voices*, p. 108.
49. Aleister, Crowley. "The Ouija Board – A Note", p. 319.

Capítulo Quatro

"Apolonius deve ter feito, com certeza, o elo mais estreito entre seu Ruach [espírito, quinto elemento] e sua Tríade Celestial, e este deve ter ido buscar uma nova encarnação em outro lugar. Todos os Ruach encontrados flutuando em torno do Akasha, comparativamente, devem ter sido porcarias imprestáveis, verdadeiros Qliphoth ou 'Cascas dos Mortos' – apenas aquelas partes dele, em uma palavra, que Apollonius teria deliberadamente descartado no momento de sua morte."
- Aleister Crowley

As pessoas podem comunicar-se com uma diversidade estonteante de seres por meio de um tabuleiro Ouija. A pessoa comum geralmente quer conversar com um parente falecido ou um fantasma, que acreditam estar assombrando sua casa. Precisamos explorar essa teoria nos perguntando se isso é realmente plausível.

Espíritas lucraram por afirmar que podem se comunicar com o espírito dos mortos. Aleister Crowley faz uma bela descrição ao se referir a tal "Espírita moderna na miséria melancólica de sua rua detrás nojenta da favela suburbana, o quarto mofado, com cheiro de comida velha, estampas horrorosas, móveis baratos e bambos, chamando qualquer um que seja solicitado, desde Jesus Cristo até a Rainha Vitória".[50] A Grande Bes-

---
50. Crowley, Aleister, *Magick Without Tears* (Minnesota: Llewellyn Publications, 1973), p. 178.

ta não era gentil, especialmente quando resume seu ponto de vista sobre o Espiritismo com apenas uma palavra: "Fraude!". Crowley não apreciava o tema ou pelo menos seus métodos. Isso é uma pena, pois ele condenou uma ferramenta valiosa simplesmente pela incompetência de seus usuários. Novamente, ele nasceu em um período em que os espíritas eram encontrados a um centavo a dúzia, vampirizando o público de maneira similar à dos psíquicos de telefone hoje em dia.

A crença em fantasmas é largamente espalhada por todo o mundo. Muitas pessoas acreditam honestamente que viveram em uma casa assombrada e viram ou ouviram coisas batendo no meio da noite. Elas podem se convencer de que o fantasma poderia ser um parente falecido que, tendo negócios não terminados, está simplesmente voltando para completar uma tarefa. Essa crença ajuda a manter nossa sanidade, permitindo que pensemos que talvez sejam nossos espíritos perturbados vagando pela casa. Mesmo a presunção de que a entidade invisível já foi um ser humano real, nos assegura de que se conseguimos nos comunicar com ele, como fazíamos quando estava vivo, podemos persuadí-lo a parar de nos assombrar.

Pessoas que acreditam em fantasmas têm pouco conhecimento sobre os reinos invisíveis ou sobre sua própria anatomia espiritual: quando morremos, nosso espírito divino sobrevive, reencarna e continua o ciclo da vida. Isso não significa que ocasionalmente, depois da morte, um espírito não possa descer brevemente no nosso mundo para completar uma tarefa específica, antes de ir embora. Entretanto, o que é espiritualmente ilógico é o conceito de que, por meio de um ato insensível de pico emocional ou violência de um louco, um belo espírito possa ser atado à terra por toda a eternidade, enquanto o perpetrador do crime fica livre para reencarnar à vontade. Se existisse um Deus, por que ele penalizaria a vítima inocente de um crime monstruoso ao invés de tentar resgatar seus espíritos atormentados? Mesmo que tivesse sido um ato insensível da pessoa que fosse o causador de sua morte, por que Deus os ignoraria – e mesmo que você não acredite em reencarnação, por que um Deus, qualquer Deus, abandonaria um de seu rebanho quando teria legiões de anjos cuja tarefa é olhar pela nossa Terra para nos proteger e guiar? Que meros mortais, que são pessoas boas e religiosas, tenham a missão, na sociedade, de ajudar outros em aflição, enquanto aos anjos de Deus é permitido ficar parados e não fazer nada para salvar um espírito se ele se torna perdido ou confuso, não faz nenhum sentido. O fantasma comum deve ser outra coisa, não um espírito humano divino.

A despeito da lógica, as tentativas de comunicação com os finados por meio de um tabuleiro Ouija é comum. Aleister Crowley escreveu que não é simples convocar o espírito dos mortos por várias razões, mas ele reconhece que "o que pode ser feito é apreender os restos astrais do morto do Akasha e os arranjar em uma mente concreta. Essa operação, novamente, não é especialmente produtiva".[51] Ele tinha razão. Certamente não é fácil comunicar-se com os falecidos, principalmente se seu espírito já reencarnou (é claro que alguns discordarão da afirmativa de que se comunicar com um remanescente astral "não é produtivo"). O remanescente astral mencionado por Crowley é o que discutiremos neste capítulo.

Antes de tudo, o que muitas pessoas chamam de fantasma é o que magistas como Crowley citam como "cascas dos mortos".[52] A casca é simplesmente o que o nome significa: oca e sem direção consciente. O grande debate entre magistas, filósofos e acadêmicos da religiosidade é o que sobra realmente, e o que o espírito mantém quando reencarna. Eu não concordo com o conceito de que uma casca é apenas "porcarias imprestáveis" ou aquelas partes de um indivíduo que o espírito decidiu descartar após a morte de seu veículo. Eu tenho de concordar com a filosofia Oriental que afirma que uma Casca é a soma total da encarnação das pessoas. Na morte, um indivíduo não escolhe e pega as partes que deseja manter e joga o resto como roupas velhas. Esse é um velho conceito do éon cristão, baseado na idéia de que só os bons podem entrar no reino do Céu.

Um espírito encarna para a experiência plena e leva embora a soma total da mesma, seja ela banhada no bem ou no mal. A confusão para muitos reside em que tudo abaixo, o que é chamado Abismo na Árvore da Vida Cabalística, é uma forma de energia mergulhada na dualidade. O Ruach ou ego central de cada indivíduo não está isento dessa condição. Alguns indivíduos de mente religiosa gostariam de simplesmente dividir todas as coisas em duas categorias, preto ou branco, acreditando que o bem se vai enquanto o mal permanece, mas isso retrata a falta de compreensão sobre o que significa dualidade.

---

51. Crowley, Aleister. "The Ouija Board - A Note", p. 319.
52. Aleister, Crowley. *Magick Without Tears*, p. 179.

Todas as experiências acumuladas abaixo do Abismo, especialmente sob o ponto de vista de Malkuth ou nossa Terra, não é mais que obtenção de Conhecimento – que é apenas uma forma de energia e como tal não se dissipa. Os cabalistas dirão alegoricamente que Conhecimento é uma Serpente cuja origem é Malkuth incapaz de se aventurar para além do Abismo em nova encarnação. Quando um espírito encarna, ou se move para dentro do Abismo, a energia ou a experiência, sendo fruto da dualidade, se divide e se modifica. O que se movimenta acima do Abismo se torna uma forma de Compreensão. Em outras palavras, a soma total da experiência para a qual o espírito encarnou é preservada e levada para seu novo plano. O espírito não "esquece" ou descarta algumas coisas e se lembra de outras. Ele simplesmente "compreende" toda a sua encarnação e aceita tudo o que é, e tem sido, como parte da experiencia total. Não existe a dor da divisão, ou importância maior colocada em alguma coisa em detrimento de outra.

O que permanece abaixo do Abismo o faz sem um espírito. É por isso que o Conhecimento é considerado uma casca, e os cabalistas dizem que usa uma falsa coroa. Ele não tem orientação espiritual, mas, como o que é levado para cima do Abismo, o Conhecimento contém a soma total da encarnação do indivíduo. Geralmente é difícil apreender o que ocorre porque nunca pode existir coerência abaixo do Abismo, pois implicaria transcender a dualidade. Ao focalizar seu pensamento algo acontece, e automaticamente a mente se confunde e pensa o oposto. O intelecto quebra isso em pedaços, e você se encontra saindo pela porta dos fundos em busca de respostas, apenas para bater na porta da frente, de maneira que possa entrar, para que lhe seja mostrada a porta dos fundos novamente. Magistas chamam isso de ficar perdido no Abismo.

O que é exatamente uma casca, deixada no despertar do espírito? Essa é a questão que nos diz respeito. É dito que tudo o que uma vez foi pensado ou feito, cada evento, não importa quão trivial, é uma forma de energia eternamente gravada no tempo, no interior de uma determinada casca. Essa casca reside nas águas astrais ao redor da nossa Terra. A Casca é apenas um conceito que encerra certo tipo de energia (Conhecimento). Para compreender melhor o conceito da casca, considere-a como um disco sendo tocado em um fonógrafo. Quem fez as gravações se foi para fazer outras coisas, como no caso de um espírito encarnando, mas eles esqueceram tudo da experiência da sessão de gravação? Claro que não, contudo sua gravação, ou casca, pode ser tocada de novo, e novamente. Como uma gravação fonográfica, esse reino tem dois lados, contendo o bem e o mal de todas as coisas.

Apesar de alguns se referirem aos registros em termos de altura e profundidade ao invés de dois lados, ambas as analogias são corretas. O astral pode até ser comparado a um imenso computador cuja memória está apenas esperando para ser aberta com o apertar de um botão. Algumas fraternidades religiosas acreditam que esses registros só podem ser lidos, ou revelados, em momentos especiais, e apenas por pessoas treinadas especialmente, ou indivíduos iluminados, que aprenderam a viajar no astral. Isso não é verdade. Crowley julgava, como muitos cabalistas do Velho Éon, que as cascas de indivíduos são apenas os restos negativos, descartados depois da reencarnação. Ele os considerou como "porcarias imprestáveis"[53], e se interrogava por que alguém, como um Espírita, se importaria em conseguir acesso a eles, questionando, "Que utilidade poderiam ter?".[54] Entretanto, em seu ódio aos Espíritas ele se esquece do manancial de informações e orientação que pode ser obtida pela leitura dos registros astrais, *especialmente os próprios*. Esses registros são as Crônicas Cósmicas do destino humano. Um magista treinado pode deslindar seus próprios registros como uma fita, no passado, no presente e até no futuro. Anteriormente, mencionamos tais qualidades do tempo, atribuídas ao deus Apolo; nunca devemos esquecer esse Deus ou os oráculos invisíveis conhecidos como Dactyls. Eles deverão ter um papel importante em nossas investigações sobre os reinos intermédios.

Os magistas não deveriam desdenhar os métodos que os médiuns utilizam para acessar esses registros. São as questões fúteis, feitas por sua clientela, que degradam o tema a seu mais baixo denominador comum. Por exemplo, se encontrarmos um grande homem que está vivo, estaremos prontos a formular questões pertinentes para que o momento possa ser enriquecido. Afinal, não é todo dia que teremos essa oportunidade, o tempo é precioso e não pode ser perdido com trivialidades. Então, por que esquecemos disso quando nos comunicamos com sua casca, por meio de um tabuleiro Ouija, após essa pessoa ter morrido? Esta é uma lição importante que todos deveriam aprender quando se comunicassem com cascas.

---

53. Aleister, Crowley. *Magick Without Tears*, p. 179.
54. Aleister, Crowley. *Magick Without Tears*, p. 179.

Quando aprendi essa arte pela primeira vez, meu professor me avisou que a única coisa mais importante, ao tentar qualquer forma de comunicação, é saber o que dizer e como colocar isso em palavras com cuidado. Quantos magistas elaboram rituais em busca de dinheiro, apenas para encontrar um centavo? A fraseologia das declarações mágikas é soberana, e as questões indagadas por meio de um tabuleiro Ouija são igualmente importantes. A maior parte das tragédias pode ser rastreada até esse único e mais repetido erro quando da utilização do tabuleiro.

Neste ponto você estará se perguntando: "se não existem fantasmas, então por que as cascas assombram as casas?". A resposta a isso é realmente muito simples e tem senso comum mágiko. Nosso plano é considerado positivo, por sua natureza mundana, e as referências a cascas as colocam como descarga negativa, o que Crowley endossava. Nosso Espírito Divino tem carga neutra. Cada gênero, internamente, contém as correntes negativa e positiva para que possa existir, apesar de uma ser mais forte que a outra. Percebam que o termo "negativo" não significa necessariamente a negação de todas as qualidades positivas, magikamente a referência a uma qualidade negativa é simplesmente a citação a um oposto ou imagem espelhada.

Uma qualidade negativa não é necessariamente maligna, a não ser que seu positivo o seja. Por exemplo, quando você olha no espelho, vê seu reflexo. Essa é uma qualidade negativa, ou casca, em contraste com a pessoa real, positiva, parada na frente do espelho. A imagem negativa não tem consciência. Apenas você tem consciência, por ter um espírito. Se é uma pessoa bondosa, então o reflexo no espelho não vai ser uma imagem invertida de um monstro demoníaco, pavoroso e grotesco; é apenas um reflexo ou casca da realidade.

Voltando à questão da razão de as cascas assombrarem casas, discutimos anteriormente que uma casca é pouco mais que registros negativos, impressos no plano astral por um indivíduo no decorrer de sua vida. A maioria dos indivíduos, quando a morte se aproxima, aceita seu destino e descarta seu veículo terreno sem trauma. Entretanto, existem ocasiões nas quais tragédias emocionais graves, como as que resultam em assassinatos ou suicídios, ou apenas um profundo desgosto no momento da morte, causam uma "mensagem registrada" de minuto final, para ser impressa nas águas do astral, refletindo que aquela pessoa não quer morrer ou deixar outros para trás. Se é uma carga extremamente negativa, então a

Capítulo Quatro

casca pode ser atraída para seu opositor ou o espaço com maior carga positiva, na mente do Espírito, no momento de sua morte. Em casos de morte violenta essas cascas podem ser arrastadas para o último lugar onde esse corpo e espírito coexistiram. Essa é a verdade sobre fantasmas: eles são simplesmente cascas se manifestando.

Outro mito geralmente favorecido pela ignorância é de que você pode se comunicar com a casca, ou por meio de um psíquico, ou de um indivíduo treinado especialmente. Você não pode falar com uma casca. A casca em si é um filme ou uma imagem, sendo veiculada repetidamente. Embora certas pessoas possam ver esses registros, tais leituras freqüentemente são maculadas pelo veículo, ou médium, que está vendo; o médium pode "ver" o que é mais fácil para ser visto, ao invés do que o cliente realmente pediu. Essas leituras podem estar ou não apoiadas em algo – alguém usou a analogia de que é como colocar uma agulha no meio de um disco gravado para ver o que toca.

Se uma casca é apenas o registro de acontecimentos, então com quem as pessoas se comunicam quando usam um tabuleiro Ouija? A casca de uma pessoa falecida, ou sua energia descartada na morte, é o que outros seres invisíveis animam e usam como elo místico para cruzar para o nosso mundo. Esses seres são muito mais velhos que a raça humana. Eles estão por aí desde o início dos tempos, nascidos das entranhas de cada colina, nas profundezas da Terra, nem tendo pai ou mãe, ou sendo macho ou fêmea. Estão à nossa volta e certas áreas, como pontos sagrados e mesmo algumas casas, agem como portais, levemente velados, por onde podem trafegar entre os planos. Essas entidades são chamadas de elementais. Os antigos gregos os chamavam de Dactyls. Em arábico são conhecidos como gênios, que, de acordo com a lenda, reinavam na Terra antes da criação de Adão. Outros, como as feiticeiras, os chamam de familiares. Eles têm sido conhecidos por muitos nomes no decorrer da história, e serem considerados benéficos ou maléficos, depende da cultura que produz o relato.

Apesar de serem chamados por muitos nomes, os relatos são geralmente similares. Eles falam de uma raça antiga de seres invisíveis, que podem ser convocados para que nos ajudem, guiem e façam nosso jogo. As fábulas e as histórias antigas igualmente nos avisam contra o mau uso de tais poderes colocados em nossas *mãos*. Eles contam histórias vívidas sobre essas entidades se tornando quem as convocou, trapaceando com eles e causando grande dano para o louco insuspeito, que se aventurou a cair em suas garras. Essas entidades são verdadeiros deslizadores de forma. Não são benéficos ou maléficos. É relativamente seguro e fácil possibilitar que animem uma casca. Isso significa, literalmente, que eles *se tornam* o que você estiver buscando. Posteriormente, Crowley se esmerou ao chamá-los "... embusteiros, das ordens elementais mais baixas" que "vêm e vitalizam resíduos imprestáveis do Ruach de pessoas falecidas recentemente, e encenam personificações surpreendentes".[55]

Entretanto, deveremos discutir também, neste livro, os perigos de deixar um desses seres invisíveis se movimentarem livres em nosso plano por um tabuleiro Ouija, e como eles se tornam *poltergeists*, que podem assombrar nossas casas e revelar nossos piores pesadelos. O controle é obrigatório, e cada cultura que mencionou esses seres concorda com esse fato elementar.

Existem grandes vantagens em compreender tudo isso. Podemos nos comunicar diretamente com o elementar que se tornou a soma integral da experiência da casca. Ao fazer isso, podemos aprender tudo o que desejarmos saber. Também, pela comunicação por meio de um elemental, não teremos de percorrer registros indiscriminados até encontrarmos o que precisamos. Deixamos o elemental fazer isso. Se considerássemos os registros astrais, ou cascas, como os arquivos principais em um computador, o elemental seria apenas nosso mecanismo de "busca". Por sua natureza, alguns magistas se sentem mais confortáveis se referindo ao elemental como intermediário. O que um caça-vampiro, ou médium, faz quando, aparentemente, convence um "fantasma" a parar de assombrar também é simples, apesar de muitos não perceberem que conseguem a proeza por meio de um elemental, que vai até os registros astrais, encontra o local onde ele repetidamente "pula" e remove o obstáculo, como é feito em um disco fonográfico. Em outras palavras, o elemental pode transformar a energia negativa em um fluxo mais equilibrado, em vez de as deixar "agarradas" à morte de uma pessoa, em uma mensagem gravada em um potente minuto final. Sem essa carga forte, a casca não pode mais se manifestar em um ciclo de repetição.

Quando a casa não é mais assombrada, o "fantasma" é libertado, e o médium pode acreditar que foi ele, ou ela, quem convenceu o pobre indivíduo falecido a ir embora. Se apenas soubessem toda a verdade, ou fossem treinados de forma apropriada, eles poderiam conseguir bem mais,

---

55. *Ibid.*, p. 182.

ao utilizar técnicas mágikas. Muitos psíquicos e médiuns não compreendem os tons mais escuros dos reinos invisíveis, geralmente chegando a seus alvos cegamente, protegidos por sua ignorância.

Existem perigos: quando animamos as cascas, muitas vezes ocorre um erro grave. Nunca se esqueça de que a casca em si não é real, no sentido de ser uma pessoa falecida – ela é apenas animada e usada como um portal para um elemental. Mesmo que ela diga o contrário, não acredite. O elemental só pode dizer a você o que queira saber e, se começa inconscientemente a acreditar que a casca é uma pessoa falecida, então o elemental concordará, e satisfará seu desejo afirmando ser o falecido. Isso ocorre com freqüência, por meio de um tabuleiro Ouija no qual um indivíduo começa colocando a casca em um pedestal, como se fosse um espírito mais elevado que eles mesmos.

Isso pode promover problemas sérios. Você tenderá a pensar que tal pessoa jogará pelas regras terrenas, do mesmo modo de quando era viva. Isso é totalmente errado, e pode ser francamente perigoso: as ações do elemental, se não forem controladas, podem tornar-se desastrosas, pois ele jogará com as regras de seu plano, não do nosso! Ele pode mudar de forma no interior dos teus piores medos e pesadelos. De fato, a maioria dos elementais se alimenta de medo ou outras emoções intensificadas; eu não consigo impor a ênfase necessária. Se você deixar cair a guarda e soltar um elemental das amarras que o mantém preso ao triângulo, apesar de ser naturalmente passivo, por essa mesma natureza ele, automaticamente, tentará tomar o comando de seu entorno, e você poderá ficar em um lamaçal de um *poltergeist* em atividade. Entretanto, um elemental pode apenas te dar, exatamente, ao pé da letra, o que *você* quer, e por isso, desesperadamente, tenta satisfazer o que acredita firmemente ser seu desejo, mesmo que esteja inconsciente disso. Magistas, conheçam a ti mesmos!

Capítulo Cinco

"Oito de março, o ruído estranho de bater em meu quarto, e a voz, repetida dez vezes, algo como o pio de coruja, porém mais prolongado, e mais suavemente, como se estivesse em meu quarto."
— John Dee

O grande perigo ao usar um tabuleiro Ouija é a presunção de que vai automaticamente investigar os reinos espirituais quando pousar suas mãos sobre a *planchette*. Adquirir destreza no dom de Abrac, que nos permite conectar com o Sol, é bem mais difícil do que pode parecer. Uma vez libertos de nosso mundo mundano, entramos em um vasto reino elemental onde qualquer coisa pode ser virtualmente criada pelo pensamento, tanto consciente quanto inconscientemente. Ao contrário do que alguns podem querer que você acredite, não é nem um reino mítico nem fabricação de sonhos. É apenas um reino além dos nossos sentidos comuns, cujas Leis de criação são acessadas de modo diferente ao do mundano. O mais chocante é a percepção de que a vida, embora diferente da nossa, existe nesse reino independente de nós. À nossa volta existem inúmeras classificações de seres invisíveis, que não necessitam de nossa permissão para estar lá. Eles flutuam para dentro e para fora de nossos quartos, sobem nossas escadas e atravessam recantos escondidos de nossas casas. Como insetos rastejando por passagens estreitas, essas entidades existem, mesmo que não possamos vê-las. Algumas delas são boas, enquanto outras são perigosas, se não completamente maléficas. Numerosos tipos de entidades povoam os reinos intermédios, em uma existência que permite a elas flutuarem, entre seu mundo e o nosso, à sua conveniência, ou sempre que chamados.

Para não cair sob a influência e interpretar a vontade de outros, no que diz respeito ao reino de Deus, devemos lidar primeiro com as origens das entidades conhecidas como elementais inferiores, explorando seu reino e a estrutura do mesmo. É o reino mais próximo do nosso, e o mais fácil de adentrar. Ele também deve ser dominado, antes de tentarmos ir mais fundo. Alguns dos mapas de rota e teorias mais aceitos sobre esses reinos vêm dos ensinamentos tanto do Hinduísmo quanto do Budismo. São crenças de que a vida elemental surge em um fluxo, não necessariamente *do* mas *através* do nosso Sol, como correntes sutis, ou ondas, conhecidas como Tattwas. Essas marés invisíveis contêm não só as formas de vida arquetípicas conhecidas como elementais inferiores, que são normalmente atraídos para um tabuleiro Ouija como mariposas para a luz, mas também uma miríade de outros seres, que surfam nessas ondas como se fossem suas estradas, dos anjos aos demônios de nossos mitos e medos.

O conceito de que o Sol é um portal não é novo nem restrito ao pensamento oriental. Os magistas ocidentais sabem, há séculos, que esse orbe solar é soberbo no que diz respeito ao intercâmbio com outros seres espirituais. Já apontamos que os maçons chamam isso de dom de Abrac, ou o conhecimento do poder e utilização do deus místico solar Abraxas. De fato, o Sol é conhecido como Tiphereth, na antiga Árvore da Vida dos cabalistas judeus. Também é considerado a esfera na qual se atinge o conhecimento do, e se conversa com, Santo Anjo Guardião pessoal. Também, em outro nível mais simplista, no interior dessa fornalha alquímica solar começa um processo que possibilita às torrentes de vida em nosso planeta, incluindo humanos, serem trazidas à vida. Nós chamamos a qualidade manifesta dessa força de vida invisível, de luz solar. Sem essa energia toda a vida como a conhecemos morre. Entretanto, junto a cada aspecto da manifestação existe também uma qualidade invisível sutil que banha nossa Terra. Essas marés solares invisíveis ou Tattwas são conhecidas como Vayu, Tejas, Apas e Prithivi. São relacionados com as quatro qualidades elementais de Ar, Fogo, Água e Terra.

Quanto à origem do nosso espírito divino, além do Sol, é uma questão que as religiões devem responder. Filósofos acreditaram, por muito tempo, que como as marés nosso espírito entra através do Sol em busca de uma encarnação, e que essa esfera é também a fonte de "luz" que os indivíduos vêem durante uma experiência de quase-morte. O Sol age como um portal para nosso universo mundano, pelo qual também é permitido ao nosso espírito sair após a morte. Em todos os casos, a encarnação é alcançada atravessando a rodovia elemental, também conhecida como plano astral. Elementais encarnarão nessas águas astrais e manifestarão sua estrutura arquetípica em sintonia com as necessidades e formação espiritual do magista. Antes de mais nada, esse mundo elemental inferior, ou lunar, é uma paisagem onírica maleável, e tomará a forma de qualquer coisa que imprimirmos nela, especialmente de modo inconsciente. Telemicamente, "cada homem e cada mulher é uma estrela" (*Liber AL vel Legis* 1:3) e a luz do nosso Sol interior, quando lançada para baixo, para o interior das águas lunares, cria imagens ou sombras. Devemos aprender a reconhecer nossas próprias criações inconscientes e não escorregarmos para elas como diante de Orientação Divina. Esta é uma lição valiosa que todos devem aprender quando tentarem usar um tabuleiro Ouija.

Uma vez no reino astral, se alguem divisar formas monstruosas e repugnantes, geralmente é fácil baní-las para os recantos mais longínquos, para que não o prejudiquem em sua jornada. Porém, é mais difícil reconhecer que o perigo vem sob muitas formas. Novamente, os magistas sabem. O maior perigo não está revestido com forma grosseira e detestável, mas é encontrado nas imagens de um desejo inconsciente de satisfação, vindo de uma realidade repetidamente falha, que o tenta com um falso sentimento de importância. O que o feio e o bonito têm em comum é que são apenas sombras lançadas pela sua própria estrela. O objetivo não é chafurdar em nenhuma dessas sombras, mas ao invés disso utilizar o que as criou, a Luz Solar ou correntes solares, de forma a alcançar nosso Santo Anjo Guardião.

O melhor sistema ocidental relacionado à questão das correntes solares, que de muitas maneiras imita o pensamento oriental, é o método de mágika enochiano. É um sistema complexo, podemos fornecer apenas uma visão geral de alguns de seus aspectos. No sistema enochiano, assim como no Budismo e no Hinduísmo, o Sol tem um papel central ou integral na manifestação das correntes que encerram o mundo invisível em torno de nossa Terra. No primeiro capítulo eu mencionei o magista elisabetano John Dee, que olhou no interior dos reinos invisíveis por meio da bola de cristal. Nesse caso, as entidades ou anjos apareceram e comunicaram suas mensagens apontando para uma letra de cada vez em um tabuleiro de letras gigantesco. O mesmo princípio permanece verdadeiro para o tabuleiro Ouija, mas, ao invés de ir para dentro dos reinos invisíveis, nós trazemos as entidades para fora, para o nosso mundo, para se comunicarem da mesma maneira, permitindo que movam um triângulo, de uma letra a outra, para soletrar as mensagens.

Acredita-se que John Dee se interessou por magia quando estudava em Cambridge, quando jovem, por volta de 1542, mas o sistema de magia angélica começou a aparecer apenas anos depois, quando se instalou nas propriedades da família em Mortlake. Dee tinha uma sede religiosa exagerada por conhecimento, e mergulhou em pensamentos religiosos, orações e estudos, muitas vezes rejeitando igrejas organizadas como intermediárias entre a humanidade e Deus. Sob vários aspectos, ele era um verdadeiro gnóstico em sua crença de que todo indivíduo tem habilidade para obter a Gnose pessoalmente, se ele ou ela está preparado espiritualmente para perceber a Verdade. Suas ambições eram estabelecer contato com os mesmos anjos que desceram durante toda a história, para os escolhidos por Deus, como o profeta Enoch, que foi o primeiro homem a falar com os anjos depois da queda de Adão e Eva. É do nome de Enoch que o título mágika enochiana derivou mais tarde, porque John Dee, como Enoch, se comunicou com os quatro grandes arcanjos Miguel, Uriel, Rafael e Gabriel,* assim como com uma hoste de outras entidades. Durante sua vida, Dee se referiu a seu sistema como Angélico.

O termo "arcanjo" muitas vezes é usado sem ciência do seu significado celestial, ou implicação. De acordo com numerosas fontes religiosas, o Céu contém muitas Mansões Celestiais, cada uma delas de um estágio espiritual mais elevado que o anterior. O termo arcanjo é aplicado genericamente a todos os seres espirituais que residam no reino ou na mansão logo acima da classe de seres conhecidos como os anjos, que estão diretamente acima da humanidade. Existem vários tipos de arcanjos com tarefas e habilidades diferentes. Os quatro arcanjos mencionados acima são da classe chamada de *Egoroi* ou *Grigori*, que significa, simplesmente, os vigilantes. De acordo com textos bíblicos como o Livro dos Jubileus, os vigilantes eram enviados para a Terra, para guiar a humanida-

---

* N.E∴ Sugerimos a leitura de *Comunicando-se com o Arcanjo Gabriel, Comunicando-se com o Arcanjo Rafael, Comunicando-se com o Arcanjo Uriel* e *Comunicando-se com São Miguel Arcanjo*, todos de Richard Webster, Madras Editora.

de e instruir os filhos dos homens que estivessem espiritualmente preparados para compreender sua mensagem divina ou Gnose, que, com certeza, veio diretamente de Deus.

Foram esses arcanjos de Luz que John Dee buscou. Ele escreveu que tinha "lido com freqüência no teu livro (de Deus) e registra, como Enoch se deleitou com tua predileção e a conversação; de Moisés tu eras próximo; e também o mesmo com Abraão, Isaac e Jacó, Joshua, Gideon, Esdras, Daniel, Tobias e vários outros teus anjos bons, que eram enviados por tua ordem, para os instruir, informar, ajudar, e ainda nos assuntos domésticos e do mundo, e algumas vezes ainda para satisfazer seus desejos, dúvidas e questões de teu Segredo: e além dessa consideração, a Bola de Cristal, que o Grande Sacerdote usou, por tua própria vontade... que essa sabedoria não pode vir pela mão do homem ou pelo poder humano, mas somente de ti"[56], ou seja, de Deus.

Presume-se que as primeiras tentativas de conversar com anjos feitas por Dee ocorreram em março de 1581, quando ele começou a ser perturbado por sonhos estranhos, assim como por batidas e golpes por toda a sua casa em Mortlake. Em seus *Private Diaries* [Diários Pessoais], ele escreve que ouviu em "8 de março o estranho ruído, no meu quarto, de batidas; e a voz, dez vezes repetida, algo como o pio de uma coruja, mais prolongado e mais suave, como se estivesse em meu quarto".[57] Ele registra mais tarde, em 3 de agosto, que as batidas e os golpes estranhos em seu quarto voltaram, e o perturbaram por toda a noite, e também na noite seguinte. Em nossos dias e época alguém poderia suspeitar que um *poltergeist*, ou elemental, teria sido libertado por alguém manipulando com o oculto, mas John Dee interpretou essas ocorrências como um anjo tentando comunicar alguma mensagem divina. Ele interpretou as visitas com temor respeitoso, foi humilde, disposto a fazer tudo o que Deus ordenasse, se ao menos pudesse perceber o que era. Tal sinceridade religiosa é encontrada por todos os seus diários. Já foi sugerido que a chave para a magia enochiana é encontrada no modo como esse homem purificou sua alma, uma lição à qual se deveria atentar bem, antes de tentar tal mágika, mesmo com um tabuleiro Ouija.

---

56. Laycock, Donald C. *The Complete Enochian Dictionary,* prefácio de Stephen Skinner (London: Askin Publishers, 1978), pp. 10-1.
57. *The Private Diary of Dr. John Dee*, ed. James Orchard Helliwell (London: The Camden Society, 1842), p. 11.

Nas suas primeiras tentativas de se comunicar com a entidade por trás dos golpes e batidas, uma bola de cristal ou um cristal foi usado para a visão espiritual. Ela se tornou uma parte intrincada de seus experimentos. Muitos acreditam que Dee, ele mesmo, não tinha a habilidade da clarividência, e com freqüência empregava videntes ou médiuns para fazer contato com os seres espirituais, que chamavam por meio de suas orações e evocações espirituais. Isso não é completamente verdadeiro. Ele escreve, por exemplo, que em 25 de maio de 1581, "Eu olhei no cristal que me foi oferecido, e vi",[58] o que significa que ele tinha alguma habilidade no escrutínio de bolas de cristal. Outras vezes ele registra visões nas quais ouviu trovões, rugidos e sons de trombeta.

Podemos apenas especular por que ele buscou a ajuda de outros. Muitos desses videntes falharam, mesmo seu primeiro, Barnabas Saul, cujas visões eram consideradas extremamente inferiores. Também existe alguma indicação de que os sons e os ruídos estranhos à volta de Mortlake estavam afetando a sanidade de Saul. Em um trecho do diário, em 9 de outubro de 1581, Dee registra que encontrou Barnabas Saul caído no saguão "estranhamente perturbado por uma criatura espiritual, por volta da meia-noite".[59] A casa da família de Dee deve ter sido um lugar divertido tarde da noite! Para o grande pesar de John Dee no ano seguinte, Barnabas Saul se retratou, dizendo que inventou todas as suas visões. É suposto, pela maioria dos historiadores, que sua confissão foi por medo de ser perseguido como feiticeiro. Prender por heresia, ou feitiçaria, era uma maneira de fazer um homem desistir de suas crenças pessoais. Os diários de John Dee registram que, em 1º de março de 1582, Barnabas Saul apareceu em Mortlake e "confessou que não ouvira ou vira quaisquer criaturas espirituais".[60]

Depois disso, John Dee passou por uma série de insucessos com videntes, até mesmo seu próprio filho. Ele percebeu que a maioria das visões angélicas era obviamente maculada pela inabilidade dos Videntes para agir como um canal, e que eles estavam apenas manipulando inconscientemente o que viam – as visões não refletiam as qualidades dos espíritos superiores, ou angélicas, que Dee tanto esperara receber de Deus. O mesmo problema pode ocorrer quando utilizar um tabuleiro Ouija: as

---

58. Dee, John. *Private Diary*, p. 11.
59. *Ibid.*, p. 13.
60. *Ibid.*, p. 14.

duas pessoas que têm as mãos colocadas sobre o triângulo talvez tenham que ser substituídas várias vezes até que médiuns adequados, que possam canalizar a visão, e não interferir inconscientemente com o que está sendo recebido, possam ser encontrados. No caso de Dee, um médium apropriado apareceu em 9 de março de 1582. Ele era o sr. Edward Talbot, que pouco depois mudou seu nome, por motivos desconhecidos, para Edward Kelly.

John Dee era diferente da maioria dos magistas elisabetanos de sua época. Ele evitava praticar magia baseada em realizações únicas. A cada novo dia ele construía sobre o experimento anterior, perguntando aos anjos sobre o que precisavam em seguida, e registrava tudo em seus diários, nos mínimos detalhes. Ele prestava atenção a essas visões, rezava e pedia orientação constantemente, reivindicando que a "chave da oração abrisse todas as coisas".[61] De várias maneiras ele era um homem muito religioso e pio – uma lição a ser aprendida em relação à prática de mágika. Um ritual Ouija efêmero, feito em apenas uma noite, tem pouco resultado, mas, se continuado de forma apropriada durante um longo período de tempo, se adquire a habilidade de abrir os portões para o mundo invisível, em especial se perguntar constantemente às entidades o que é necessário fazer em seguida. Nos primeiros estágios de qualquer trabalho espiritual você deve determinar como afinar o tom do ritual, descartando o que é grosseiro e elaborando sobre o que funciona melhor.

Não existe melhor modo de definir isso do que perguntando aos anjos convocados, como fez John Dee séculos antes. Ouça os anjos com atenção e lembre-se de que dois ritualistas nunca terão as mesmas exigências, em conseqüência do crescimento espiritual e necessidades pessoais diferentes de cada um deles. No entanto, é importante perceber as diferenças entre os elementais e os anjos; eles não são a mesma coisa. Um é uma arena maleável para seus desejos inconscientes, enquanto o outro é uma entidade independente com sua própria agenda. Você deve trabalhar por meio de um para configurar um alicerce apropriado para o outro descer.

A parafernália que os anjos exigiram que Dee fizesse é realmente extraordinária. Nas primeiras comunicações, John Dee foi instruído a construir uma mesa específica, junto com sete talismãs de estanho conhecidos

---

61. French, Peter J. *John Dee, The World of an Elizabethan Magus* (London: Routledge & Kegan, Paul, 1972), p. 116.

como "As Insígnias da Criação" para serem usados em conjunto com ela. Mais tarde, foi construída uma nova Mesa Sagrada em doze partes, com os talismãs pintados diretamente nela em linhas azuis, com letras vermelhas brilhantes. Sobre a cor verdadeira dos símbolos na mesa, muito pouco se sabe. Temos conhecimento que as letras em volta das bordas da mesa continham os 14 nomes de certos reis e príncipes angélicos, e também que a letra B grande em cada canto era para ser pintada em amarelo. Um diagrama completo da Mesa Sagrada de doze partes apareceu em muitas fontes, mas a grande maioria com tradução incorreta. Muitas, incluindo a de Aleister Crowley, utilizaram Meric Causabon como fonte, mas ao comparar seu diagrama com os desenhos originais de Dee, encontrados no apêndice do seu *Liber Mysteriorum Quinta*, é óbvio que Causabon tinha muitas letras ao redor da borda da mesa no lugar errado. Avançar dentro da mágika enochiana não é tão simples quanto escolher um livro sobre o tema, uma vez que tolices são geralmente compostas a partir de tolices.

Também foram dadas a John Dee instruções específicas sobre como fazer um talismã de cera com entalhes elaborados conhecido como *Sigillum Dei Aemeth*, ou Talismã da Verdade. Ele era colocado no centro da Mesa Sagrada, então um tecido sedoso vermelho enorme era colocado sobre toda a mesa, pendendo dos lados para baixo, com franjas em cada canto. Foi adquirida uma bola de cristal especial, de quartzo, que Dee instalou em uma moldura de ouro sólido montada sobre uma Cruz do Calvário. Isto, por sua vez, colocado sobre o tecido que cobria o talismã de cera entalhado. Também existiam outros itens, como as quatro versões menores do *Sigillum Dei Aemeth* para serem colocados sob os pés da mesa. Existe menção de que mais duas jardas de seda vermelha eram usadas aqui, mas não está claro se o tecido ficava no chão ou era colocado entre os quatro talismãs pequenos e as pernas da mesa. Os anjos também deram instruções sobre como fazer um peitoral específico de pergaminho e um anel mágico, para mencionar apenas alguns dos muitos itens.

John Dee ficou obcecado, algumas vezes fazendo rituais duas ou três vezes em um mesmo dia. A cada vez, os anjos revelavam novos mistérios e também o que era requerido dele; a cada vez o magista satisfez as novas exigências e perguntou o que viria adiante. Finalmente, um sistema inteiro de mágika angélica tinha sido desvelado. Indivíduos que tentarem trabalhar com o Ouija devem dar atenção à dedicação religiosa de Dee.

Entre os mais desconcertantes itens obtidos, inicialmente, estavam numerosas tabelas preenchidas com quadrados, algumas com letras no meio, enquanto outras eram vazias. Entretanto, a maioria delas era de quadrados de 49X49 de medida. Esses quadros com letras, de algum modo similares ao Ouija, teriam um papel fundamental na mágika enochiana. Por exemplo, quando, ao fazer um trabalho específico, Edward Kelly deveria se ajoelhar diante da Mesa Sagrada e da bola de cristal. Não existiam evocações especiais ou rituais mágicos para trazer à tona os espíritos por meio de orações simples. De alguma maneira, a mágika Ouija começa do mesmo modo, com a pessoa simplesmente perguntando, "Tem alguém aí?" Depois de um tempo Kelly informaria que um anjo lhe teria aparecido no cristal com uma visão, que normalmente incluía uma das muitas tabelas obtidas previamente. Uma vez que a tabela era identificada, Dee a encontraria e colocaria sobre a Mesa Sagrada. A essa altura, Kelly informaria que o anjo estava apontando para um dos quadrados na tabela com sua varinha sagrada, geralmente dizendo, por exemplo, que o quadrado estava na terceira linha superior com a quarta inferior. Dee, por sua vez, localizaria a letra na Tabela, que tinha diante de si, e escreveria.

Isso pode parecer uma tarefa laboriosa, mas John Dee percebeu a importância de fazer dessa maneira, declarando "que senão por sua linguagem estranha, eu deveria ter essas palavras entregues a nós Letra por Letra, nós poderíamos errar tanto na Ortografia, e também por querer a verdadeira pronúncia das palavras, ou discriminação dos pontos, poderíamos perder mais vezes o efeito esperado".[62] Ortografia, o estudo da pronúncia correta de acordo com o uso aceito das palavras, é algo no qual Dee era bastante instruído para a época.

Outra coisa original obtida por Dee e Kelly foi um alfabeto angélico, que se tornou conhecido como enochiano.* Ele é muito estranho e todas as letras da Mesa Sagrada, assim como do talismã e tabelas sagradas, eram para ser escritas nessa língua angélica. Acrescentado a isso e à parafernália que os anjos informaram a Dee que deveria obter ou construir, eles também lhe ensinaram sobre a estrutura de seu universo, conhe-

---

62. Dee, John. *A True & Faithful Relation of John Dee*, ed. Meric Causabon (London: Askin Publishers, 1974), p. 91.
* N.E.: Sugerimos a leitura de *Magia Enochiana para Iniciantes*, de Donald Tyson, Madras Editora.

cido como os 30 Aethyrs ou Reinos, muitas vezes igualados a reinos celestiais. Cada reino era dirigido por um governador específico e uma hoste de outros seres, que poderiam ser chamados por uma ou mais das 19 chaves ou convocações. Essas evocações são provavelmente as mais poderosas do mundo. Israel Regardie declarou que a "autenticidade dessas chaves, independentemente de qualquer observação crítica, é garantida pelo fato de que qualquer um, o menos capaz para a mágika, descobre que elas funcionam".[63] Originalmente, essas chaves angélicas eram escritas de trás para a frente, por ser muito perigoso abri-las de uma forma direta. Mais tarde tinham que ser revertidas, para que o que tinha sido escrito fizesse sentido.

 O sistema enochiano é extremamente complicado. Ele tem um papel importante neste livro sobre mágika Ouija, e nos capacita a utilizar o tabuleiro com maior profundidade. Uma vez um estudante me perguntou: "Por que estamos perdendo tempo com o sistema enochiano com um tabuleiro Ouija?". Eu o fiz recordar que, apesar de John Dee ter obtido muito conhecimento por meio de esforços, seu sistema permaneceu relativamente desconhecido até os dias atuais. As razões para isso são intrincadas, mas a maioria dos estudiosos acredita que, de alguma maneira, a prática habitual de Dee assentou uma base por onde esse sistema angélico de mágika específico, destinado à presente Era de Aquário, foi arrancado das mãos dos anjos centenas de anos antes de seu tempo. Isto, certamente, aconteceu enquanto a Era de Peixes ainda banhava nosso mundo: o instruído John Dee alcançou o pináculo da mágika pisciana por meio de seus estudos e práticas religiosas, e alguns acreditam que foi inevitável que visse no interior o futuro da mágika. Sempre será debatido se ele entendeu ou não o potencial pleno disso.

 O ponto de vista de que a mágika enochiana é um sistema aquariano é confirmado por Aleister Crowley, que deu ao mundo moderno seu primeiro vislumbre público do sistema, quando publicou aspectos dele em *A Brief Abstract of The Symbolic Representation of The Universe Derived by Doctor John Dee through the Skrying of Sir Edward Kelly* [Um Breve Sumário da Representação Simbólica do Universo Obtida por Doutor John Dee por meio do Escrutínio em Bola de Cristal de Sir

---

63. Crowley, Aleister. *The Vision & The Voice* (Texas: Sangreal Foundation, Inc., 1972), p. 7.

Edward Kelly], em um de seus volumes laboriosos do *Equinox* em 1912. Ele aprendeu a mágika enochiana quando ainda era um iniciado da fraternidade A Ordem Hermética da Aurora Dourada. Em 1909, quando Crowley estava na Argélia, tentou sua própria investigação dos Aethyrs, ou moradas não terrestres sutis, que Dee tinha revelado anteriormente. Quando estava perscrutando, no sexto Aethyr, Crowley teve uma visão angélica por meio da qual lhe foi dito que "*O Livro de Enoch** tinha sido a primeira sabedoria concedida do Novo Éon. E foi escondida por 300 anos, porque foi arrancada intempestivamente da Árvore da Vida pela mão de um magista desesperado".[64] Acredita-se que isso seja uma referência a ninguém mais que Edward Kelly, parceiro de John Dee. Foi Kelly quem agiu como vidente enquanto Dee escreveu tudo o que ele viu, e de fato a Grande Besta reivindicou que uma de suas encarnações anteriores não era outro, senão Kelly.

Pelo fato de o sistema ser extremamente complicado, pesado e envolvido pelo jargão do inglês antigo, muitos estudantes freqüentemente relutam em estudá-lo, deixando de perceber que a maioria do que chamamos de sistema enochiano de John Dee é de fato mágika pisciana ou do velho éon. É necessário estudar muito pouco de seus manuscritos para fazer com que o sistema funcione de fato – o sistema não é importante pela imensa quantidade de literatura do velho éon a respeito, mas pela simplicidade de seu uso no novo éon. O mesmo é correto para a utilização do tabuleiro Ouija.

---

* N.E.: Sugerimos a leitura de *O Livro de Enoch – O Profeta*, Madras Editora.
64. *Ibid.*, p. 196.

Capítulo Seis

"Quatro castelos muito belos, colocados nas quatro partes do mundo: deles ele ouviu o som de uma Trombeta."
— *John Dee*

Foi-nos dado um grande dom com as Leis de Abrac, que permite que façamos conexão com a porta solar, dentro de nós mesmos e externamente. Os seguidores de Crowley, chamados de thelemitas, estão especialmente cônscios sobre a natureza das correntes astrais que perfazem 150 milhões de quilômetros entre nossa Terra e o Sol. John Dee, apesar de todas as suas realizações, não tinha consciência plena da importância do sistema. Dentre todas suas visões, em uma, que obteve por meio de bola de cristal, está o fundamento de nossa compreensão moderna do reino elemental: os anjos revelaram o mistério por trás da porta solar, através da qual as hostes de Deus descem para o nosso mundo, inclusive os elementais inferiores. Essa porta quádrupla é conhecida como a Torre de Vigia, e sua estrutura deve ser estudada profundamente pela conexão com o tabuleiro Ouija.

Alguns estudiosos enochianos tradicionais podem ficar perplexos com isso, mas como disse Crowley: "Quando se usa o tabuleiro Ouija, você dá permissão para que qualquer espírito desconhecido se comunique com você. Você abriria a porta da frente de sua casa e deixaria entrar quem quisesse? Claro que não". As Torres de Vigia são importantes porque proporcionam controle. Ao invés de abrir a porta e perguntar ao acaso "Tem alguém aí?", ela nos possibilita abrir um portal específico, saber exatamente quem estamos convocando e de onde eles vêm, bem antes de colocarmos nossas mãos sobre a *planchette*.

No primeiro capítulo eu mencionei que o segredo final por trás do tabuleiro Ouija é o controle. Se tal controle falta em qualquer dos planos, então o que se consegue, especialmente por meio do tabuleiro Ouija, é pouco mais que uma janela reluzente por onde imagens descontroladas da mente subconsciente podem vir à tona. O sucesso com o tabuleiro só poderá ser obtido se for usado em conjunto com técnicas cerimoniais e ritualísticas de Alta Mágika. É por isso que você tem de estudar e compreender as Torres de Vigia.

A primeira visão onde as Torres de Vigia apareceram para Edward Kelly, o vidente com quem John Dee estava trabalhando, foi recebida nas primeiras horas da manhã da quarta-feira de 20 de junho de 1584. Dee escreve que apareceram para Kelly "quatro castelos muito bonitos, colocados nas quatro partes do mundo: de dentro deles ele ouviu o som de uma Trombeta. Então, aparentemente, tecidos foram lançados para o chão, com dimensões mais amplas que as de uma toalha de mesa. Do que estava a Leste, o tecido lançado parecia vermelho. Do que estava ao Sul, o tecido parecia branco. Do que estava a Oeste, o tecido parecia verde, com botões ornamentais sobre ele. Do que estava ao Norte, se espalhou, ou foi jogado do portão até os pés, o tecido parecia ser bem negro".[65]

Com o tempo, se perceberia que o termo Castelo e Torre de Vigia eram, de alguma maneira, sinônimos um do outro. Outra visão posterior elaborou as cores dos castelos, declarando que a cor oriental é "vermelho, do sangue novo derramado", o sul como "branco, cor do Lírio", o oeste era, "as peles de muitos dragões, verde: folhas de alho" e com respeito ao norte, da cor de "suco de mirtilo".[66] Mencionamos essas visões porque nos numerosos livros modernos sobre mágika enochiana as cores dos elementais mudaram; não são as encontradas nos manuscritos originais de Dee.

Acredita-se que essa variação nas cores apareceu primeiro nos papéis secretos de graduação da fraternidade britânica conhecida como A Ordem Hermética da Aurora Dourada, na qual Aleister Crowley foi treinado. Isso foi feito para repercutir as cores cintilantes astrais tradicionais, mais "ocidentais", para os elementais. De acordo com os Manuais de Graduação da Aurora Dourada, quando certas cores são colocadas lado

---

65. Dee, John. *A True & Faithful Relation of John Dee*, ed. Meric Causabon (London: Askin Publishers, 1974), p. 168.
66. *Ibib.*, p. 171.

a lado, em oposição à sua cor complementar direta, isso cria uma tendência de "cintilamento" que atrai os elementais automaticamente. Seja verdade ou não, a validade dessa mudança nas cores foi intensamente debatida entre os estudiosos enochianos durante anos. Alguns acreditam que a mudança de cor atrai apenas aquelas qualidades elementais inerentes às correntes astrais inferiores, em vez das verdadeiras criaturas angélicas como as que apareceram Dee em suas visões e portanto, é limitadora. Esses mesmos estudiosos pontuam que os mortais não têm o direito de mudar as cores originais ditadas pelos anjos; outros discordam, reivindicando que nós mortais sabemos melhor. Alguns afirmam que a mudança simplesmente veio para refletir o que é conhecido como a Escala Real de cores da Árvore da Vida Cabalista. Independentemente da razão, a maioria dos livros sobre mágika Enochiana, a partir do século XX, dá às cores atributos que se diferenciam dos originalmente vistos por John Dee e Edward Kelly.

Esses quatro castelos também são mencionados como quatro casas, que são "os quatro anjos da Terra, que são os quatro Supervisores, e Torres de Vigia" e em "cada uma dessas Casas, o Vigilante Principal, é um Príncipe poderoso, um Anjo do Senhor poderoso".[67] O termo Torre de Vigia não significa apenas um lugar onde estão colocadas sentinelas angélicas para guardar e proteger o Reino de Deus do profano, mas também nos mostra que esses Portões Ocultos têm uma conexão com os próprios Vigilantes, ou aquelas entidades que descem e guiam a humanidade, como os anjos enochianos quando convocados de forma apropriada. Muitas vezes encarada com leviandade pelos estudiosos enochianos, é maravilhosa a visão dessas estruturas como de Castelo, desvelada para Edward Kelly na forma de uma Mesa Sagrada específica sobre quatro pés. Kelly declara que o anjo, em sua visão, "dilatou o ar ao seu redor, ou o abriu diante dele, e então surgiu uma Mesa quadrada".[68] Em seu tampo tinha um retângulo enorme composto de 25 linhas transversais e 27 perpendiculares.

Esse conceito do céu como uma mesa suspensa sobre nossa terra é importante em suas similaridades com outras lendas do céu, especialmente as encontradas no Egito antigo. Os egípcios acreditavam que o céu foi

---

67. *Ibid.*, p. 170.
68. *Ibid.*, p. 172.

formado como um imenso retângulo, parecido não só com a Mesa Sagrada de John Dee, mas também com a forma do tabuleiro Ouija. Esse céu retangular era suspenso sobre a terra por quatro pilares, cada um representado por um deus. Esses deuses menores eram, na verdade, os quatro filhos do Deus Sol Horus. Eram Kabexnuv, a múmia com cabeça de falcão, que rege a qualidade elemental do fogo; Tmoumathph, a múmia da água, com cabeça de cão; Ahephi, a múmia com cabeça de macaco, que rege o ar; e Ameshet, a múmia com cabeça de homem, que rege a qualidade da terra.

De várias maneiras esses quatro pilares ou pernas de mesa representam as quatro correntes astrais como descem sobre a terra. Em todos os casos o Sol central é a fonte das correntes que banham nosso planeta. Os egípcios acreditavam que alguém poderia suplicar, a um deus específico, por qualquer conhecimento sobre os céus e nossa Terra. Seu nome era Ptah, que literalmente significa o Desvelador. Ele era o grande arquiteto, que construiu os céus e sabe todos os seus segredos ocultos. Esse conceito de solicitar conhecimento dos Vigilantes, arcanjos, ou quem quer que seja, no sistema enochiano é comparável à orientação que é dada por meio de um tabuleiro Ouija. As semelhanças são evidentes.

A essa altura devemos também examinar o colapso da Mesa Sagrada de John Dee. Muitos dos atributos, que aceitamos hoje como fazendo parte do sistema enochiano, realmente se originaram na Golden Dawn*, durante a virada do século. Por exemplo, aprendemos que a linha vertical central e a horizontal do meio da Mesa Sagrada são atribuídas ao "espírito" ou Akasha. O Akasha é geralmente equiparado ao quinto elemento, ou corrente solar, mas isso é enganoso porque implica uma analogia com os outros. De fato, ele é independente e invisível em relação aos outros quatro. Também, acima do Akasha, existem dois outros Tattwas, o que de fato nos leva ao total de sete. Essas forças são conhecidas como Anapadaka e Adi Tattwas. Sabemos que os cinco Tattwas inferiores funcionam por meio de nossos cinco sentidos e são análogos a eles; o sexto e o sétimo são latentes na humanidade, e raramente ativados. Aqui o foco é o que abarca nossos cinco sentidos, para assentar uma Fundação adequada, onde existirá a possibilidade de abrir o sexto sentido por meio de um tabuleiro Ouija.

---

* N.E.: Sugerimos a leitura de *The Golden Dawn – Aurora Dourada*, de Israel Regardie, lançamento da Madras Editora.

Capítulo Seis

Como já dissemos, Vayu/Ar/Olfato, Apas/Água/Paladar, Tejas/Fogo/Visão e Prithivi/Terra/Tato são as quatro correntes sutis que compreendem toda a manifestação. No sentido metafísico, os indivíduos que estão presos pelas leis desses quatro são, geralmente, os escravos que perecerão (*Liber Al vel Legis* II:49). Um thelemita os considera dignos de condenação, ou de ser forçados a permanecer em uma existência animal. A natureza do quinto sentido, atribuído ao Espírito, é bem mais sublime, e abrange o Akasha, que rege o sentido da Audição. É nesse quinto sentido que repousa a criança sagrada, em Ovo Negro, e compreender sua natureza pode nos levar à fronteira do nosso sexto sentido (*Liber Al vel Legis* II:49). Isto é porque a audição é dual. Ela funciona como uma ponte e pode ser focada tanto em direção ao plano material quanto para o reino do Espírito. A audição é atribuída à carta do Tarot conhecida como o Hierofante, que é regida pela letra hebraica Vau, com significado de cravo. Um cravo é algo que liga uma coisa a outra. Vau é também a conjunção "e" que une sentenças. Isso significa que a natureza do Akasha, como imitada pelas cruzes, não apenas junta, mas também divide as qualidades elementais, sem levar em consideração onde elas podem ser encontradas – do mundano ao espiritual. De alguma maneira subsiste a dor da divisão, em seu despertar pelo Akasha, como quatro seções elementais. Cada parte, então, é uma Torre de Vigia, ou Castelo, na Mesa Sagrada.

Com isso em mente, podemos entender a natureza da Mesa Sagrada. Cada Torre de Vigia tem uma hierarquia definida. As letras encontradas na cruz central da Mesa Sagrada, quando escritas em quatro linhas de cinco letras cada, são conhecidas como A Tabela da União. Nessa divisão, ela cria as quatro grandes Torres de Vigia. No quadrante superior esquerdo dessa Mesa Sagrada está a Torre de Vigia, que rege a qualidade elemental do ar. É relacionada à direção do sol nascente ou leste; originalmente sua cor era o vermelho, como sangue, mas magistas modernos a mudaram para amarelo. O quadrante direito ou Torre de Vigia é regido pela Água e está relacionado ao oeste. Sua cor era descrita originalmente como as peles de muitos dragões, ou "folhas de alho, verdes", mas foi mudada para azul, mais simbólico da água. O canto inferior direito da Mesa Sagrada é regido pelo fogo e é relacionada ao sul. Atualmente, sua cor é vermelha, enquanto originalmente era "cor de lírio branco". Finalmente, o fundo esquerdo é regido pela terra e relacionado ao norte. Sua cor é a única que permanece a mesma (preta), apesar de ser também comparada à cor, na natureza, do suco de mirtilo.

Cada uma das quatro Torres de Controle é composta de 12 fileiras para os lados e 13 para baixo, ou um total de 156 quadrados. Numericamente, é o valor da palavra BABALON também conhecida como O Portão do Sol. As duas linhas verticais centrais e a linha horizontal do meio de cada Torre de Vigia formam o que é conhecido como A Grande Cruz. Essas cruzes geralmente são mostradas como sendo brancas, em descrições coloridas das Torres de Vigia. Isso indica que essas fileiras são de natureza espiritual Akashica, mais que de natureza elemental. As linhas horizontais dessas cruzes são muito importantes, pois contêm os três Nomes Sagrados Secretos de Deus e regem o Sol elemental de cada Torre de Vigia. Em todas existem 12 nomes sagrados nas quatro Tabelas, que agem como uma ponte entre o Macrocosmos e o Microcosmos. Esses nomes consistem dos primeiros três quadros, os próximos quatro e os cinco finais. Na Torre de Vigia do Ar nós temos os nomes ORO, IBAH, AOZPI. Na Torre de Vigia da Água temos MPH ARSL GAIOL. Para a Torre de Vigia do Fogo temos OIP, TEAA, PDOCE e, finalmente, para a Torre de Vigia da Terra temos MOR, DIAL, HCTGA.

Igualmente importante, como no nosso Sistema Solar, o centro da Grande Cruz é atribuído ao Sol, regido por um grande rei enochiano. O nome de cada Rei é extraído de um movimento espiral de oito quadrados encontrados na Cruz Central de cada Torre de Vigia. Lá estão quatro Reis Elementais ao todo, cada um em uma tabela. Quando um magista invoca os três Nomes Sagrados Secretos de Deus, o rei é ativado automaticamente. É por meio desses oito quadrados centrais que todas as forças universais e elementais emergem para animar as Torres de Vigia, do mesmo modo que as marés se manifestam em nosso Universo. Os Nomes Sagrados Secretos de Deus, junto com o rei, devem ser invocados sempre que forças elementais inferiores na Tabela forem utilizadas.

Os seis pontos na Grande Cruz, que se estendem do centro do tampo, são relacionados aos planetas e à nossa lua. Eles são duas linhas verticais no topo, e duas no fundo, e então, horizontalmente, uma linha de cada lado. Começando com a linha vertical no topo à esquerda e indo no sentido do relógio, temos a linha de Júpiter, Lua, Vênus, Saturno, Mercúrio e Marte. Cada linha é regida pelo que é denominado de Senhor. Os Senhores estão diretamente abaixo do Rei Sagrado, na ordem de Hierarquia de uma Torre de Vigia. Uma vez que existem seis Senhores em cada Torre de Vigia e quatro Torres de Vigia, existem 24 Senhores no total.

Eles são mencionados no Livro da Revelação como os 24 anciãos, vestidos de branco, e se sentam nos 24 tronos diante de Deus. Esses senhores agem como condutores para o tipo específico de força elemental originada de um determinado planeta. E são invocadas automaticamente como um Rei.

    Se torna óbvio que cada Torre de Vigia representa simbolicamente nosso Universo, com planetas serpenteando ao redor de um Sol central. Também imita estar suspensa por quatro pernas elementais, em similitude com a estrutura retangular do céu, de acordo com os egípcios. Uma vez que cada Torre de Vigia tem uma Grande Cruz central, ela também é dividida igualmente em quatro quadrantes, ou pernas, de modo similar ao da Mesa Sagrada. Os atributos são os mesmos, significando que o quadrante esquerdo superior de cada Torre de Vigia é atribuído ao Ar, o direito é Água, o inferior direito é Fogo e o inferior esquerdo é Terra. Nenhuma qualidade elemental é totalmente pura. Ela deve conter, dentro de si, as outras três qualidades, em um nível menor, de forma a funcionar apropriadamente. A mesma teoria também diz respeito às marés solares invisíveis ou Tattwas, conhecidos como Vayu, Tejas, Apas e Prithivi: apesar de cada um deles ser, antes de tudo, relacionado a um dos quatro elementais do ar, fogo, água e terra, eles devem conter no seu interior os outros três, em um grau menor, para que se manifestem.

    Dentro de cada um dos quatro quadrantes em uma Torre de Vigia tem uma Cruz Menor, de dez células, que geralmente é chamada de Cruz Sefirótica ou Cruz do Calvário. Essas células representam os aspectos elementais subplanetários do Universo. Essas cruzes são mostradas em branco. Como a Grande Cruz, são regidas pelos Senhores planetários, indicando que essas Cruzes Menores são também de natureza espiritual ou Akashicas, em vez de elementais. Cada cruz contém o nome sagrado de dois importantes Santos Anjos. Esses dois nomes são usados para invocar um anjo subserviente específico, ou elemental, em um quadrante. A linha descendente forma um nome de seis letras, que o magista usa para chamar qualquer coisa do quadrante da Torre de Vigia, enquanto o nome horizontal, de cinco letras, é usado para comandar e controlar o que foi convocado. Esses são os dois nomes que devem ser memorizados, quando trabalhar com um elemental utilizando um tabuleiro Ouija.

    Diretamente acima dos braços de cada cruz estão quatro células, duas de cada lado. Essas células representam os Querubins, que são descritos como sendo em número de quatro, cada um deles com quatro rostos e quatro asas. Eles são os regentes das forças do elemental, no interior do quadrante, diretamente sob a autoridade de dois anjos regendo a Cruz Menor. Eles representam os signos "fixos" do Zodíaco. Os Querubins são geralmente equiparados com os Arcanjos ou, em especial, a uma classe conhecida como os Vigias. Eles são designados para ajudar a manter o equilíbrio de todas e quaisquer forças, empregadas no interior do quadrante em seu relacionamento com a manifestação. Abaixo dos braços temos quatro fileiras de quatro células descendentes, ou 12 células cada. Essas células designam os reinos, tanto dos anjos como dos elementais inferiores. Se alguém entende como colocar quatro células juntas com uma quinta, escolhendo uma célula de cada fileira horizontal, então poderá convocar um anjo específico, que está sob o domínio de um Arcanjo (*Liber AL vel Legis* II:49). Se alguém abre apenas uma célula solitária de 12, então pode abrir uma entrada pela qual um tipo específico de elemental pode descer.

Você deve aprender primeiro como utilizar essas células elementais. Pode-se argumentar que um adepto deve buscar aspirações superiores, ou mais sublimes, mas aprender-se a engatinhar antes de andar. Trabalhar com um Tabuleiro Ouija abre as comportas astrais sobre Malkuth, ou nossa Terra, e quando você usa o tabuleiro estará automaticamente atraindo elementais, quer os chame ou não. Tornando esse dilema concreto, se você deve ter espíritos familiares no plano astral inferior, que agem como guias, então deixe-os ser serviçais que controle, e tenha chamado de propósito.

Capítulo Sete

"As cascas ocas brilham com fogo infernal. Também, é claro, elas absorvem a vitalidade dos participantes e também do médium."
— Aleister Crowley

Algumas pessoas se perguntam se um elemental é realmente perigoso quando desliza formas em nossos sonhos e fantasias mais selvagens. Apesar de a resposta parecer óbvia, existem outras ciladas sutis, não percebidas de imediato, fora da mágika. Por exemplo, quanto mais uma pessoa se comunica com um elemental, mais ele se fortalece. Ele ganha sua força se alimentando de nossa energia vital. Esse relacionamento é chamado de modo apropriado, ou magikamente, de casamento – mais precisamente, um *Casamento Menor*. Você nunca deve esquecer que Yesod ou a Lua na Árvore da Vida Cabalística rege o reino astral habitado por essas entidades. Ele não tem fonte natural de iluminação. Quando você lê, ou ouve, o termo *luz* astral está diante de um nome inapropriado. Esse reino não é composto de luz, em nenhum sentido que a pessoa comum possa compreender; ele, na verdade, é banhado de uma escuridão do tipo mais negro. Uma vez que humanos são naturalmente seres solares, quando imergimos no interior do astral, nossa Luz, ou fonte de vida, ilumina o reino e lhe confere propósito, como se ditado por nossos *pensamentos*. Como a própria Lua, a única fonte de iluminação de seu reino e seus habitantes é o Sol. "Cada homem e cada mulher são uma estrela" – em outras palavras, tão logo nosso Sol ilumina a escuridão ele atrai elementais, como mariposas para a luz. Um a um eles se alimentam nessa Luz. Ela os anima.

Tudo isso é retórica mágika típica, mas o que pode significar para alguém que queira trabalhar com elementais, por meio de um tabuleiro Ouija? Deixe-nos examinar os enunciados básicos acima a respeito de alimentar: Aleister Crowley sabia desse perigo quando convocava elementais, ou as cascas dos mortos de Qliphoth. Além de serem criaturas bastante obsessivas, que desejam se atar aos mortais, Crowley escreveu que essas "cascas ocas brilham com fogo infernal. Também, é claro, elas absorvem a vitalidade dos participantes e do próprio médium".[69]

Esse aviso deve ser objeto de atenção cuidadosa se alguém quiser se comunicar com cascas ou elementais em uma base contínua. Um elemental *deve* ser alimentado, e se não por nossa própria psiquê, então por outra coisa.

O autor de *O Exorcista*, William Blatty, que pesquisou em profundidade o sobrenatural para fazer seu livro, também compreendeu essa exigência elemental: "Um demônio quer o poder de estar casado com um sistema nervoso humano. Como Henrique VIII querendo comer novamente o bolo dos 30 anos".[70] Apesar de não concordar com ele no que diz respeito ao termo "demônio", estou de acordo sobre se alimentar com o sistema nervoso humano. Todo médium atestará ao fato de que, após se comunicar com o mundo dos espíritos, ficam cansados ou drenados. Para onde vai sua energia?

A energia não pode se dissipar, ela tem de ir para algum lugar mesmo que seja absorvida por uma entidade invisível. Quando eu perguntei uma questão similar, uma vez, para meu professor, ele disse: "Veja, eu como, você come e eles comem – o problema é o quê?". Eu pensei sobre isso e respondi: "Acho que não tem problema". Elementais, como todas as criaturas de Deus, precisam ser nutridos para sobreviver, de outro modo morrem e se desvanecem.

No entanto, para avançar na explicação dos perigos de conceder, à entidade, usar *você* como fonte para seu alimento, vamos nos reportar para a outra analogia simples. Se sua psiquê ou sistema nervoso fosse similar a um fio de medida 22, quanto de corrente poderia transportar até que os fios queimassem? Ele poderia transportar 110 ampères? Claro

---

69. Crowley, Aleister. *Magick Without Tears* (Minnesota: Llewellyn Publications, 1973), pp. 182-3.
70. Hansen-Steiger, Sherry e Steiger, Brad. *Hollywood and the Supernatural* (New York: Berkley Books, 1992), p. 168.

que não – seria inevitável que queimasse, resultando em um fogo intenso. Sem um treinamento cuidadoso, para se tornar um veículo por meio de mágika, yoga ou métodos similares, a maioria dos sistemas psíquicos estará pronta a adoecer, diante de qualquer afluência ou onda de corrente vital. Essa energia solar nos anima. Sua força é relacionada à habilidade de fluir através do nosso sistema psíquico de forma desembaraçada. Quanto maior o sistema, maior a corrente que pode transportar.

Por outro lado, um elemental deve se nutrir, e ao alimentar-se retira energia, em uma medida alarmante, de sua vida (solar). Não podemos dizer quanto tempo levará, uma vez que cada indivíduo é diferente, mas, cedo ou tarde, seus "fios" psíquicos começaram a aquecer e esse elemental, um parasita por natureza, não sabe quando parar. Sua sede, como a de um bebê mamando na mãe, é insaciável, quando um anfitrião é encontrado. Desafortunadamente, como em um disjuntor, quando os fios começam a ficar muito quentes algo estoura, geralmente com ramificações psíquicas ou mentais desastrosas, no caso do ser humano. É por isso que todos os seres invisíveis, bons ou maus, devem ser controlados e não deve ser permitido que, a seu critério, se aventurem adiante.

Mais uma vez é importante para mim insistir que elementais não são maus por natureza. Eles estão apenas satisfazendo suas necessidades, como qualquer criatura, visível ou invisível, faria. Munido com senso comum, você deve aprender como alimentá-los. Por exemplo, se não alimentasse seu gato ou cão, o que ele faria? Iria perambular em busca de alimento. Mas a maioria das pessoas que libertam um elemental, por meio de um tabuleiro Ouija, não percebe que ele, também, perambulará por sua casa, em busca de um anfitrião, ou de alimento. Novamente, isso não significa que o elemental é diabólico; para ser mais exato, ele está apenas realizando sua natureza, como todas as criaturas que necessitam de nutrição.

O elemental não é a única criatura que se alimenta de nossa anatomia. Insetos microscópicos, parasitas e germes vivem por todos os lugares, desde nossos cílios à nossa pele, mas estes são aceitos como meras partes da natureza. O elemental é parasita da mesma forma, mas, como leões, tigres e ursos, as ramificações de sua alimentação muitas vezes podem ser desastrosas do ponto de vista humano. Quer seja perder o corpo ou psiquê, para qualquer "comedor", visível ou invisível, não é um fato da vida que se deseje abraçar.

Todos devem conhecer a natureza dos elementais antes de trabalhar com eles. Falhar em entender completamente e tomar precauções pode produzir sérias conseqüências. Se duvida que isso ocorra com você, então deveria ler sobre assombrações originadas pela utilização de um tabuleiro Ouija: descobrirá, rapidamente, centenas de histórias sobre pessoas que se tornaram possuídas, drenadas e empurradas para a fronteira de um colapso mental ou psíquico. Normalmente é uma criança, ou a pessoa mais jovem em uma unidade familiar, ou um adulto instável. A opção, feita por um elemental, de se alimentar da pessoa mais jovem, apesar de aparentemente pernicioso, é por causa da natureza do sistema psíquico humano. Quanto mais velha a pessoa se torna, é mais difícil abrir o que o tempo começou a fechar; nos tornamos ligados à terra com a idade. Isso, em si mesmo, tomaria um volume inteiro, para explicar de forma adequada, mas, essencialmente, quanto mais nos tornamos ligados à terra, ou amarrados em Maya, mais estamos destinados a uma sepultura terrena. A maioria das crianças, por outro lado, está simplesmente "aberta" para qualquer coisa. Magistas devem aprender a ser como crianças.

Se está assustado com esse conceito de alimentação, deixe-me pontificar que é bem fácil eliminar o perigo de se tornar anfitrião de um elemental. Quando estiver evocando elementais, de maneira contínua, por meio de um tabuleiro Ouija, deve apenas considerar formas alternativas de alimento, que não sejam você ou outros. Como qualquer força de vida, o elemental ganha vigor e pode comunicar-se com maior clareza quando é alimentado. Ele dá em troca sua habilidade, e essa habilidade que é determinada por quão forte ele se torna. O relacionamento que está sendo estimulado entre você e um elemental é simbiótico, e semelhante a outros que são forjados na natureza. Nós os usamos e eles, por sua vez, exigem algo de nós, não podemos pegar, pegar, pegar e então não dar nada como retribuição.

Alimentar espíritos é algo que não está limitado ao trabalho com o tabuleiro Ouija. No interior de *De Nuptiis Secretis, Deorum cum Hominibus*, de Aleister Crowley (traduzido literalmente como *Casamentos secretos entre Deuses e Homens)*, existem certos métodos mencionados que apontam a necessidade de fortalecer o elemental, alimentando-o com certa substância, dentro de uma pirâmide. Muitas culturas e religiões, por todo o mundo, percebem a importância de alimentar, ou fazer oferendas, para o espírito do mundo. O meio mais fácil de conseguir isso é colocar flores, comida ou bebida, ou mesmo fluidos sexuais, em um altar especialmente preparado, usado como um ponto focal nas cerimônias. Alguns rituais de vodu, ou métodos similares, devem ser estudados cuidadosamente, uma vez que dão exemplos excelentes de como isso pode ser realizado. Se alguém se pergunta como um elemental distingue entre você e o altar, é bem simples: como um gato ou cão, ele se alimenta onde for treinado para isso. Entretanto, se não colocar alimento em sua tigela, então eles sairão para caçar em outro lugar, como qualquer criatura – um fato que você não deve esquecer nunca. A espécie de oferecimento que faz é normalmente determinado pelo tipo de elemental escolhido para trabalhar. Uma vez que sabemos que existem quatro tipos distintos de elementais, regendo o fogo, a terra, o ar e a água, é fácil imaginar o tipo de oferenda relacionadas às qualidades do elemental.

O próprio altar deverá ser apenas um local designado, onde apenas coisas pertinentes ao elemental são colocadas. Nada mais deverá enfeitar esse local. Pode ser uma pequena mesa de madeira colocada no canto de um cômodo, uma prateleira presa a uma parede ou um canto do chão. Sua imaginação é o limite, e não existe lugar bom ou ruim. Se estiver em dúvida, pergunte ao próprio elemental se tal ou tal item pode ser acrescentado ao altar ou se determinada decoração o agrada. Elementais simplesmente adoram qualquer atenção dada a eles e qualquer coisa que sugerir é em geral aceita.

De alguma maneira é parecido com uma criança ganhando um brinquedo novo: raramente ele será devolvido. É importante assinalar que se alguém mais tocar esses itens no altar, isso poderá ser considerado um sacrilégio. Apenas você, ou aqueles envolvidos com os trabalhos do ritual, deve tocar itens do altar. Qualquer outra pessoa quebrará o Elo Mágiko, e o elemental poderá se ligar a psiquê do indivíduo com resultados desastrosos. O altar é sagrado. Defenda-o. Não deixe um profano sujá-lo.

Mesmo que todo o altar seja dedicado ao elemental, o alimento ou oferenda deve sempre ser colocado dentro de uma pirâmide. Essa condição não pode ser trapaceada, porque ela implica uma estrutura real, ao invés de um simples objeto triangular. Em *De Nuptiis Secretis, Deorum cum Hominibus* nos é dito que a oferenda deve "ser preservada no interior de uma pirâmide com as letras que formam o nome do espírito". Além de escrever o nome no triângulo, a oferenda deverá ficar restrita dentro desse símbolo apenas, seja ela de flores, ou um prato de comida, água, incenso, ou o que seja. O elemental rapidamente aprenderá que esse é seu lugar de se alimentar. Você nunca deve extinguir ou limpar esse lugar. Você vai querer que o local se torne um Elo Mágiko forte, entre este mundo e o dos elementais. Com o tempo isso se tornará claro.

Algumas pessoas expressaram uma forte preocupação sobre o elemental quebrar suas correntes e perambular pela casa, porque lhes está dando um portal aberto por intermédio do altar, ou triângulo. Fique certo de que sempre existirão precauções adicionais que podem ser tomadas, se estiver preocupado. Uma delas, elementais não podem cruzar um círculo de sal, colocado ao redor do triângulo. Esta é a única substância que atará o elemental, dentro de determinada área, em nosso plano. Ao estudar as artes da alquimia aprendemos que o sal fixa, ou solidifica, e restringe o que queremos contido.

A ferramenta de magia que corresponde, simbolicamente, ao sal é a corrente do magista, e ela também pode prender um elemental, do mesmo modo que o sal faz. Simplesmente coloque a corrente em círculo ao redor do seu triângulo. Um elemental não poderá cruzá-la. Apesar de muitas vezes mal interpretada, ou omitida do arsenal mágiko de muitas pessoas, você deve obter esse utensílio. Além disso, é importante que a corrente tenha exatamente 333 elos.

Aleister Crowley escreve que "A Corrente é Sal: ela serve para atar a perambulação dos pensamentos; e por essa razão é colocada ao redor do pescoço do Magista".[71] Essa citação diz mais respeito a como um magista deve lidar com sua mente errante durante os rituais, do que com o trabalho exterior envolvendo os elementais. Entretanto, no caso de alguém não conseguir focar seus pensamentos, durante os trabalhos com o tabuleiro Ouija, cabe o emprego especificado por Crowley. No nível dos elementais, colocar a corrente, circularmente, ao redor do triângulo, atará a entidade dentro da imagem. Se não estiver claro para você o modo como isso funciona, simplesmente faça, por enquanto, mesmo que por nenhuma outra razão além de consagrar a corrente como um objeto sagrado em seu altar.

O simbolismo, por trás dos 333 elos, reside em representar a numeração sagrada de uma entidade conhecida como Choronzon. Os magistas têm uma forte crença de que esse demônio é tão real quanto o dia e a

---

71. Crowley, Aleister. *Book 4*. (Texas: Sangreal Foundation, Inc.,1972), p. 66.

noite, apesar de uma contradição em seu ser implicar que ele não existe do mesmo modo como nós existimos. Ele vive no reino de um vasto deserto astral conhecido como o Abismo, entre os Pilares de Daath, ou Conhecimento. Alguns se referem a ele como o Guardião das Cascas, pois ele guarda a realidade do conhecido e desconhecido. Ele conhece a Verdade, ou tem o Conhecimento por trás de todas as ilusões, ou vida, de uma pessoa. É por isso que é geralmente chamado de Senhor do Caos e Dispersão. Ele traz tudo para a luz e expõe nossa insensatez, que é algo que poucos mortais querem ver jogada na cara, especialmente aqueles escalando a montanha sagrada de Abiegnus em direção às alturas espirituais.

Seja como for, logo além do Abismo há o domínio conhecido como Binah, na Árvore da Vida Cabalística. Binah é regido pelos atributos de Saturno. Crowley avisa que uma das armas magísticas de Saturno é a Segadeira e que ela pode "ser usada em cerimônias reais para ameaçar o espírito de que Choronzon cortará sua existência independente, com rapidez"[72] se ele não se submeter às exigências impostas. A Segadeira, como a corrente e o sal, pode ser usada como arma contra o espírito ou elemental. Simplesmente informe-o de que se não realizar seus desejos, "Choronzon colherá seu carma e o juntará ao tesouro do armazém de Choronzon"[73] Nenhum elemental pode suportar a ameaça de ser levado por Choronzon!

Poucos mortais, que verdadeiramente compreendem a natureza desse demônio, irão igualmente, contra ele, desprevenidos. Já falamos sobre os perigos inerentes ao uso do tabuleiro Ouija e como alguém pode perder tudo quando brinca com os reinos astrais. Crowley avisa que a maior ameaça é a perda do Karma, ou a "Sujeição da alma a Choronzon"[74] Isso significa que toda a sua existência, a verdadeira natureza da experiência para a qual nosso espírito encarnou, foi arrastada para dentro das profundezas da dispersão e do caos. Lembre-se: está escrito que todas as suas emoções, pensamentos e experiências produzem a constituição de sua Casca. Tudo é registrado nessa Casca, como se fosse um vídeo ou filme. Quão trágico seria se as experiências que

---
72. Crowley, Aleister. *The Qabalah of Aleister Crowley* (New York: Samuel Weiser, Inc.,1973), p. 32.
73. Crowley, Aleister. *The Qabalah of Aleister Crowley* (New York: Samuel Weiser, Inc.,1973), p. 32.
74. Crowley, Aleister. *Liber Aleph, The Book of Wisdon or Folly* (California: Thelema Publishing Company, 1962), p. 15.

estivesse vivendo fossem compostas apenas por loucura, ou confusão intelectual, causadas por seguir falsos deuses, ou conceitos criados pela imaginação débil, de outros ou sua. Tais falsidades e crenças são atadas, ao Karma de seu espírito, por toda a eternidade. Fique atento – é possível que perca sua alma, e será Choronzon que exporá essas tolices a você, se tentar adentrar seu covil buscando o Conhecimento das Cascas sob seu domínio, especialmente aquele relacionado à sua própria Casca.

Como isso diz respeito aos elementais é simples. Essas entidades existem em uma paisagem onírica maleável de simbolismo arquetípico. Eles anseiam pela experiência humana, e ativar as Cascas os ajuda a conseguí-la. Para eles, estão encarnando em um ser superior, ainda que por um momento no tempo. Perder essa capacidade aterroriza o elemental e a ameaça de Choronzon é algo muito real, especialmente se o veículo que deu a eles é baseado em falsidades.

Aqui eu devo oferecer uma pequena advertência paternal. Apesar de poder ameaçar um elemental com Choronzon como se fosse o bicho papão, evite fazer isso quando trabalha com o tabuleiro Ouija. Você deve ser sempre gentil com o elemental, e tratá-lo como seu próprio filho. Nunca abuse dele, ou o trate de modo condescendente. Ele precisa de sua orientação, do mesmo modo que uma criança, e você deve aprender a ser seu progenitor. Se um elemental for maltratado, pode se voltar contra você, e imitar o que foi feito a ele. Recorde o lembrete de Crowley de que o mundo astral é como um espelho. Tenha cuidado com o que projeta no reino elemental. Ameaças feitas podem tornar-se intimidações recebidas. A diferença entre controle e abuso é uma linha tênue em todos os planos.

Uma vez que eu trouxe alguma teoria Cabalística, com termos como o Abismo e os Pilares de Daat ou Conhecimento, penso que é melhor elaborar sobre como essa informação, mais adiante, desvela os mistérios do funcionamento do Ouija. Primeiro gostaria que considerasse esses versos dos Provérbios:

19. O Senhor da Sabedoria, que criou a terra, e por sua compreensão estabeleceu os céus.
20. Por seu conhecimento as profundezas foram separadas, e as nuvens verteram o orvalho.

Esses dois versos são tão profundos que um capítulo inteiro poderia ser escrito sobre o pensamento e a teoria Cabalísticas no que diz respeito à Árvore da Vida e suas dez esferas ou *Sephiroth*. Essencialmente, eles são uma alegoria de como duas Esferas Cabalísticas se unem para produzir uma terceira. O verso 19, "Sabedoria", se refere à segunda esfera Cabalística conhecida como Chokmah. "Compreensão" é a terceira esfera de Binah. Essas são as eternas qualidades de macho e fêmea. Elas também são equiparadas em nossa própria psiquê com o Chiah (*animus* +) e Neschamah (*anima* -).

Uma vez unidos, elas trazem ao jogo uma terceira esfera, que está além das dez, e realmente forma uma 11ª esfera, normalmente oculta e invisível na Árvore da Vida. Essa esfera é conhecida como Daath, palavra hebraica que significa Conhecimento, como é mencionado no verso 20. Isso subentende que o pai e a mãe se unem para produzir um filho.

Para conseguir isso, Chokmah e Binah são unidos por um caminho horizontal, regido pela letra hebraica Daleth na Árvore da Vida, que quando traduzida significa uma porta. Uma vez que essa porta é aberta, a influência de cima (Kether) descende através do caminho Cabalístico conhecido como Gimel ou Alta Sacerdotisa. Esse caminho representa a receptividade ou, de acordo com os Cabalistas, é a inteligência unificadora no interior do subconsciente. O caminho de Gimel, mais adiante, desce até Tipheret, a sexta Esfera Cabalística, que rege nosso Sol. Ele se move, então, através do nosso Sol, usando as marés solares, ou Tattwas, para descer para o nosso mundo.

O domínio Cabalístico conhecido como Qliphoth, antes mencionado rapidamente, em geral é considerado um reino maléfico tanto por cabalistas como por magistas cerimoniais, apesar de muitos estarem começando a perceber que isso é simplesmente um dogma, encorajado por religiosos negociantes do medo do Éon passado, que persiste nos tempos modernos. Para cada corrente positiva há uma negativa, mas o Qliphoth, geralmente, não é tão maligno em seu relacionamento com a Árvore da Vida, como um relacionamento é negativo para nossa realidade. É dito de o Qliphoth ser um reino preenchido com as Cascas, que se deixam ficar, dos pensamentos das pessoas, sejam elas vivas ou mortas. Contatar esse reino é o que estamos discutindo por meio deste livro. Em alguns aspectos, o perigo pode ser bem real para um noviço ao trabalhar com um tabuleiro Ouija, mas deveríamos evitar essas forças? Absolutamente não. Mesmo a Magia mais Sagrada de AbraMelin o Mago,* que ensina à hu-

---

* N.E.: Sugerimos a leitura de *Santo Anjo Guardião*, de AbraMelin, Madras Editora.

manidade como encontrar seu Santo Anjo Guardião, afirma que, por meio de um prolongado período de purificação e preparação, o aspirante deve chamar, diante de si, as forças angélicas, e também as demoníacas, para equilibrar sua conquista, de forma que seu anjo possa descer. Você deve aprender a trabalhar tanto com Yesed (Lua) como com Tiphereth (Sol).

O que todas essas teorias indicam é que são necessárias duas pessoas para trabalhar com um tabuleiro Ouija com métodos ritualísticos. Os dois que estiverem utilizando a *planchette* devem ser do sexo oposto, para representar as eternas qualidades de macho e fêmea de Chokmah e Binah. Em sua união, ao tocar com as mãos a *planchette*, a luz astral se movimenta, e uma autoridade desce através da porta quádrupla, simbolizada pela própria forma do tabuleiro. A autoridade é então atada ao interior do triângulo, ou *planchette*. O tabuleiro é uma porta quádrupla, que representa Daleth, enquanto o triângulo, ou figura de três lados, se equipara a Gimel. Estes são os dois caminhos por onde a autoridade oculta do Conhecimento (Daath) é autorizada a descer, da Árvore da Vida para nosso Sol, e então através dele. A criança sagrada (elemental) que foi trazida pela porta se comunica então com a pessoa, que representa sua qualidade solar, e é por meio dele que a entidade agirá e se movimentará, determinada pelas questões feitas por ele.

A pesquisadora Hester Travers Smith elaborou os mesmos princípios, sobre duas pessoas trabalhando com o tabuleiro. Ela escreveu: "Diante do tabuleiro Ouija, onde duas pessoas trabalham juntas, é de toda importância descobrir médiuns cujas qualidades respectivas equilibrem e ajudem uma a outra. O controle (i.e., triângulo) geralmente dirá que necessita 'um negativo e um positivo'. O que isso significa, exatamente, é difícil de compreender, mas ao observar diferentes combinações com o tabuleiro Ouija, percebi que um médium 'positivo' recebe a mensagem, por meio de seu cérebro, e a transmite para o tabuleiro, enquanto o 'negativo' possui a força de impulsão – eu quero dizer que, aparentemente, um participante supre o poder mental e o outro o muscular"[75]. Esse é um conceito interessante, especialmente em seus reflexos sobre Binah e Chokmah. Ela ainda pontificou: "Curiosamente julgo que o sexo é um fator na escolha dos participantes. A melhor combinação para o trabalho com Ouija é um homem e uma mulher. Duas mulheres trabalham muito bem juntas

---

75. Smith, sra. Hester Travers. *Voices from the Void: Six Years' Experience in Automatic Communications* (London: William Rider and Sons, Ltd., 1919), p. 71.

algumas vezes, mas nunca tive exemplo de resultado significativo sendo alcançado por dois homens."[76] Esse pode ter sido o caso em seu próprio círculo de médiuns, mas não concordo necessariamente que dois homens não possam trabalhar o tabuleiro. Se dois homens são usados, então as qualidades de personalidade positiva e negativa deverão ser evidentes, mas concordo que, normalmente, dois machos tendem a "aterrar" o tabuleiro.

Em outro nível metafísico, a mesma filosofia que nos dá as teorias mais intrincadas, por trás dos Tattwas, nos diz que essas marés entram no jogo quando duas forças eternas, de macho e fêmea, conhecidas como Shiva e Sakti, se unem de forma semelhante a Chokmah e Binah. É sua essência gêmea de Prana (+) e Akasha (-), constitutiva das qualidades que subjazem em cada maré. Em um nível Prana são as quatro forças elementais, enquanto Akasha é considerado o fator de ligação, muitas vezes equiparado com o espírito, e o próprio espírito abrange tudo e além; não é uma parte da totalidade dada. O Akasha, por outro lado, é também chamado de correntes etéricas, ou luz astral, que se equipara, aproximadamente, com as qualidades da alma. Os cabalistas afirmam que isso começa a atuar na nona *Sephira*, ou Yesed, que é atribuída à Lua, pois a Lua reflete a luz do Sol e as correntes que emanam dele. O caminho da Árvore da Vida, regido pela Lua, é Gimel, que permite às autoridades descer de Daath e acima.

Apesar de que este capítulo possa ser difícil de captar, principalmente sem uma boa base em teoria mágika ou Cabalística, Aleister Crowley disse melhor, quando escreveu que ele tinha "falado das *Sephiroth* e os Caminhos, de Espírito e Conjurações, de Deuses, Esferas, Planos e muitas outras coisas que podem, ou não, existir. É imaterial, quer existam ou não. Ao fazer determinadas coisas, se seguem certos resultados".[77] Não podemos sempre ter evidências concretas, ao alcance dos dedos, para provar, ou refutar, nenhuma teoria, mas se alguém seguir as orientações de outros, e duplicar seus experimentos, o resultado será idêntico. Quando somar 1 + 1 você sempre deverá ter 2, e o mesmo é válido para rituais mágikos.

Voltemos ao tema da alimentação, pois ainda existem algumas coisas para discutir antes de terminar este capítulo. Se está confuso e não

---

76. *Ibid*, p. 108.
77. Crowley, Aleister. "Liber O vel Manus et Sagittae", *The Equinox*, Vol. I, nº II (New York: Samuel Weiser, Inc.,1978), p. 13.

sabe exatamente o que oferecer em seu altar, você pode simplesmente perguntar ao elemental. Ele geralmente vai dizer o tipo de oferenda desejada, que será mais adequado. Como regra, se o elemental exige qualquer forma de sangue como oferenda, negue-se a cooperar. Exija uma substituição. Sangue, de qualquer tipo, é inaceitável.

Apesar de uma investigação dessa natureza não ser adequada para explicar, em profundidade, os perigos substanciais do uso de sangue por um noviço, essencialmente você não quer o elemental com sede por algo tão precioso para você mesmo. Se exige que seus pedidos sejam recebidos, lembre-se de que você está no comando, não ele. Se ainda insistir, e se recusar a fornecer um substituto que não seja sangue, então expulse-o para seu domínio, feche o ritual e comece tudo novamente, em outra noite, em busca de outro elemental. Lembre-se: a maioria dos elementais é completamente generosos e desejam a oportunidade de servir. Apesar de raro, um elemental exigente é perigoso; se ele está tendo vantagens desde o início, então você terá problemas no horizonte, porque ele está satisfazendo algo distorcido em seu subconsciente. A maioria dos elementais na verdade tem vontades, assim como nós, mas geralmente, quando é mostrado quem está no comando, eles se retrairão e cumprirão suas exigências. Então, antes que confunda sua mente com o que oferecer, pergunte sobre o que ele gosta. Esse é o primeiro passo.

Algo que também precisa ser esclarecido: alimentá-lo não significa que o elemental mastigará sua oferenda do mesmo modo que nós comemos. Não tem que se preocupar com uma pequena criatura circulando pelo seu apartamento devorando a comida e deixando cocozinhos elementais no canto. O elemental drenará a energia vital sutil de sua oferenda e deixará somente a casca, ou concha, do item original em seu altar. Para o cético, pode parecer que o alimento simplesmente apodreceu, mas existem diferenças sutis entre alimento apodrecendo e algo sendo drenado de sua essência vital. Esses restos de matéria decaída são semelhantes aos dejetos produzidos pela maioria dos animais, inclusive humanos; esses subprodutos apodrecidos deverão ser descartados e o altar reabastecido com uma oferenda fresca.

A freqüência com a qual deverá mudar a oferenda é escolha do elemental. Ele gritará no seu subconsciente e você saberá quando deve ser mudado. Não espere que apodreça até chegar ao ponto de pasta; ouça sua voz interior. É como alimentar qualquer bicho de estimação. Você não deve ter que ser avisado – você deve saber quando ele precisa comer. Finalmente, não existem dois elementais com hábitos iguais. Você tem que saber das necessidades de seu elemental.

    Isso deve alimentar seus pensamentos o suficiente (sem pretensão de trocadilho) para torná-lo desconfiado, cauteloso, e espero que consciente de que Ouija não é um jogo mimoso, mas real e perigoso para uma pessoa não treinada. Ele pede anos de pesquisa e experimentação. Já foi dito que mil pessoas podem jogar com o tabuleiro sem problemas graves, mas tem sempre uma vez em que uma porta é aberta completamente e uma ponte entre mundos é criada. Eu sustento que isso é sucesso.

Capítulo Oito

"Praticar mágika sem um registro é como tentar dirigir um negócio sem contabilidade."
— *Aleister Crowley*

Carlos Castanheda era um peruano que estudou Antropologia na Universidade da Califórnia, em Los Angeles. Seu interesse especial eram as plantas medicinais. Seus três primeiros livros, *The Teachings of Don Juan* [A Erva do Diabo], *A Separate Reality* [Uma Estranha Realidade] e *Journey to Ixtlan* [Viagem a Ixtlan] (o último deles lhe rendeu um Ph.D.), se tornaram campeões de venda, clássicos da contracultura. Nesses livros don Juan ensina Castanheda sobre o que ele chama de "aliado" invisível. Esse aliado, como o familiar da feiticeira, é exatamente o que o magista chama de elemental.

A viagem de Castanheda começa ao longo da fronteira entre o Arizona e o México, no verão de 1960, quando encontrou um indígena yaqui chamado don Juan Matus, que declarou ser *brujo* ou feiticeiro, possuidor de "conhecimento secreto". Foi sob a orientação de don Juan que Castanheda começou um árduo aprendizado, que o levou por um caminho espiritual, a fim de encontrar a si mesmo, seu poder e seu aliado invisível. Ele cumpriu sua meta por meio de drogas.

No nosso caso, em vez de "ver entre dois mundos", estamos tentando nos comunicar com nosso aliado por meio de um tabuleiro Ouija. Em ambos os casos, o magista é advertido de que nunca deve baixar sua guarda, ou acreditar em tudo que ouve e vê. Por exemplo, don Juan disse a Castanheda que quando tiver encontrado o aliado, você deve *Lutar com ele e domesticá-lo* e, se não *controlar* seu aliado, sua "força" o atormentará e você será incapaz de se livrar dele pelo resto da vida. Já advertimos, em capítulos anteriores, sobre obsessões e possessões, ou criação de fantasmas e libertação de espantosos *poltergeists*, quando você os solta ao invés de controlá-los.

Vamos avançar no exame do controle do elemental, em Aleister Crowley, no *De Nuptiis Secretis, Deorum cum Hominibus*. Algumas partes nesse manuscrito ensinam, conforme a tradição ocidental, magikamente, o que don Juan Matus estava tentando ensinar Carlos Castanheda a obter por meio de uma abordagem mais xamanística. Apesar de ter vindo a público muitas vezes antes de ser pela primeira vez editado, em 1914, agora ele é considerado um Texto de Oitavo Grau, no interior da Ordo Templi Orientis, e é difícil de encontrar.

Na parte XI existe menção do *Matrimônio Menor*. Crowley diz ao adepto que alcançar o Matrimônio Menor com essas entidades, ou espíritos familiares, é bastante fácil, "pois as almas dos elementos desejam constantemente essa salvação".[78] É inerente a um elemental ter fome de ser dragado para o interior do nosso ciclo de vida, para elevar sua própria natureza por meio da redenção, culminando com a experiencia da morte, motivo semelhante ao da encarnação do nosso próprio Espírito Divino.

Mais adiante, Crowley diz que, entre todos os espíritos familiares, os "Espíritos das Tabelas Elementais fornecidas por dr. Dee e *sir* Edward Kelly são os melhores, por serem perfeitos em sua natureza e crentes, com verdadeiro afeto pela raça humana," então transmite ao adepto certas advertências, para quando trouxerem tais seres para diante de si, semelhantes ao que don Juan ministra a Carlos Castanheda. Em primeiro lugar, Crowley nos diz que devemos escolher, com sabedoria, um elemental específico, que tenha "alma arrazoada, docilidade, aptidão, beleza e merecedor de amor de todos os modos". Isso pode parecer uma missão quase impossível, mas na verdade é bem simples: o elemental sempre deslizará formas em sintonia com a imagem imposta a ele pelo magista. Quando Crowley chama nossa atenção para escolher bem o vestuário do espírito familiar, ele está nos falando para ficarmos atentos para o fato de que o tipo de questões que perguntamos, por meio do tabuleiro Ouija, serve para moldar, ou vestir, o elemental.

---

78. *The Secret Rituals of the O.T.O.*, editado por F. King (New York: Samuel Weiser, Inc., 1973), p. 199.

Capítulo Oito

101

Em segundo lugar, o adepto não deve esquecer nunca o Casamento Maior. Basicamente, se for trabalhar com elementais, você também deve buscar seu Santo Anjo Guardião. Todos têm um Anjo, designado a eles no nascimento. Uma prece simples, pela qual requisita a orientação de seu Anjo, é tudo o que é necessário nos trabalhos de Ouija. Antes de tudo, o reino dos Anjos é o do Sol, e inevitavelmente a fonte da Lei de Abrac, à qual todos aspiramos. John Dee e Edward Kelly sempre começaram os trabalhos com orações intensas. Depois que completassem suas afirmações, eles simplesmente ficavam imóveis, diante de uma mesa, e começavam a perscrutar o cristal. Quando alguém trabalhar com o tabuleiro Ouija, deverá prestar atenção aos métodos simples pelos quais Dee e Kelly conseguiram comunicação. Sem algum tipo de orientação do seu Anjo, você corre o risco de se tornar um peão para seus próprios desejos malkutianos, por intermédio do tabuleiro, e poderá facilmente atrair um espírito maléfico.

A terceira advertência que Crowley dá ao adepto é que "temos tais espíritos familiares, mas são quatro", um para cada elemento. O magista deverá determinar qual deles será intimado, e quando; você "regula seu serviço, determinando horas para cada um deles". É muito importante ser equilibrado astralmente nos quatro elementos, mas não existe modo de determinar, com certeza, quanto demorará para alcançar isso, porque não existem dois indivíduos parecidos. Pode demorar toda uma vida, em parte pelo fato de que você não invoca todos os quatro elementais simultaneamente, mas em uma ordem específica, por um período de tempo.

Você sempre começa com a primeira força elemental, ou Prithivi, que é a Terra. É a força mais fácil de dominar, e oferece menos problemas se perder as amarras. Lembre-se de que cada força elemental carrega as qualidades das outras três; por exemplo, Terra ou Prithivi não é 100% Terra, mas a qualidade deste elemento é mais forte nessa maré, ou Tattwa, específica, na qual um Elemental da Terra se movimenta. A outra qualidade mais forte *dentro* da Terra é a Água, então Fogo e, finalmente, Ar. Esses quatro aspectos, na mesma ordem mencionada, devem ser invocados e controlados, um a um, antes que se considere um verdadeiro mestre do elemento Terra (Prithivi) na totalidade. Para trabalhar com segurança em um tabuleiro Ouija, você deve ter quatro elementais diferentes sob a regência do elemento Terra, que ficarão diante dos quatro cantos do seu Universo, para guiá-lo e protegê-lo. Você terá que aprender a regular as horas e os dias deles, assim como quando se comunicar com os mesmos.

Crowley e outros acreditam que esses quatro elementais são tudo o que é necessário para uma fundação astral apropriada e equilibrada. Esses quatro são completamente suficientes para a maioria dos trabalhos com Ouija, e uma vez que tenham sido atraídos em meio à harmonia, eles provêm a habilidade para que se comunique, por intermédio do tabuleiro Ouija, com a forma seguinte, ou superior de seres, conhecidos como Anjos. Com efeito, aprendendo a controlar os elementais você está assentando uma fundação astral, ou lunar, para as Leis de Abrac.

Finalmente, Crowley adverte ao adepto de que ele deve tratar seu elemental "com doçura e firmeza, estando alerta contra seus truques". Como já foi afirmado, trazer à tona um elemental é acompanhado de advertências medonhas. Em teoria, eles não existem no astral até que os fazemos nascer, a ao fazer tal você estará criando uma nova ordem de seres. Você nunca deve se esquecer de seu papel no desenvolvimento, como seu pai ou mãe. No mundo mundano, os progenitores zelam pelos filhos e querem o melhor; eles tentam ensinar bem seus filhos, arrumando e preparando, ele ou ela, para que tenham um papel ativo na sociedade. Magistas devem criar seu elemental do mesmo modo. Nós os ensinamos pelo tipo de perguntas que fazemos, os treinamos para satisfazer nossas necessidades.

Existem alguns requisitos básicos para usar um tabuleiro Ouija de forma efetiva. Um é manter um Registro Mágiko do seu trabalho. Esse requisito importante é diferente de um Diário Mágiko, no sentido de que este contém um registro da vida diária de um magista, como um meio de compreender a si mesmo, no que diz respeito ao porquê de sua encarnação. Um Registro Mágiko é o relato de um trabalho mágiko específico, que tem início e fim. Se alguém falha na manutenção de um registro, quando utiliza um tabuleiro Ouija, poderá chegar às fronteiras de águas perigosas. Como todos os exercícios mágikos, a teoria por trás de sua prática é simples, mas multifacetada, para incluir razões intrincadas, dirigidas aos estudantes avançados. Em um ritual de Ouija você deve tomar para si a séria responsabilidade de agir como pesquisador, e se um cientista não mantém um registro cuidadoso, para mostrar como alcançou os resultados, então seu "experimento" nunca será levado a sério. Do mesmo modo, um indivíduo que não mantém um Registro Mágiko de seus trabalhos com Ouija, quando declara um feito, e não tem registros para mostrar a respeito, é suspeito de fraude. Você deve verificar o primeiro passo de sua jornada, o segundo, e daí por diante, que o levam a uma conclusão. Aleister Crowley nos diz que a primeira e absolutamente essencial tarefa, para todos os seus estudantes, é manter um Registro Mágiko. Ele não tem exceções para essa regra.

Mesmo que não tenha planos de tornar seus trabalhos públicos, e o que está fazendo é apenas por motivos pessoais, entre você e seus elementais, mesmo assim deve manter um Registro Mágiko. De fato, é mais importante perceber que está mantendo os registros, não para os outros, mas para você mesmo. No início de um ritual Ouija, você deve se considerar um pioneiro, que navega por águas não cartografadas: os reinos do astral. Não é um jogo de criança. Você precisa de mapas, e a única maneira de obtê-los é desenhá-los, na medida em que vai em frente. Com respeito a essa necessidade por "mapas e registros", Crowley escreveu: "Sem isso você está na mesma posição de um navegador sem carta ou diário de bordo".[79]

Se fez um ritual de uma noite e faz um registro desanimado, ele não oferecerá maneiras de determinar, adequadamente, os resultados de sua expedição. Se for continuar, noite após noite, em um tabuleiro Ouija, registros cuidadosos e intrincados são necessários, para capacitá-lo a determinar se está ou não em território perigoso, e sendo desviado por espíritos mentirosos. Para continuar em frente, você deve sempre ponderar a respeito das comunicações anteriores e dos passos que já deu. Se não estuda as anotações anteriores, que estão em seu Registro Mágiko, antes de cada nova incursão, você poderá perder uma pista valiosa que, se deixada sem checar, pode libertar o elemental de suas correntes, ou o levar para fora, para o interior de alguma fantasia inconsciente sem sentido. Se existem problemas aparentes em seus registros, estude-os e determine o que é necessário para superá-los; se tudo funciona bem, obviamente você planejou as coisas corretamente. Portanto, duplique seus sucessos e vá adiante. Você é um cientista e mágika não é brinquedo.

Vamos examinar o Registro Mágiko com mais profundidade. Além da data, sua anotação também deve conter o signo do Sol e o signo zodiacal em que a Lua está na hora dos trabalhos. Embora você vá começar com um elemental da Terra, o Signo do Sol impregna a natureza do elemental, tão logo se manifeste, por intermédio de um tabuleiro Ouija, do mesmo

---

79. Crowley, Aleister. *Magick Without Tears* (Minnesota: Llewellyn Publications, 1973), p. 286.

modo que a carta astrológica e personalidade de alguém é afetada diariamente. Você vai, definitivamente, querer trabalhar, com seu elemental de terra, sob um signo solar com o qual seja compatível, em vez de um antagônico ao seu. Qualquer bom livro de astrologia lhe dirá que signo trabalha melhor com você. Por exemplo, se nasceu sob Câncer, então alguns dos signos que melhor de adaptam a você são Escorpião, Peixes, Touro e Virgem. Os restantes são mais neutros, exceto por dois: Áries e Libra. Esses podem provar ser bastante dificultosos. Com Capricórnio, por ser o oposto polar do seu signo solar, poderá ocorrer uma grande atração durante a sessão, junto com tensão.

O que acontece se uma pessoa nascida sob o signo de Câncer entusiasticamente quiser começar a trabalhar com o tabuleiro Ouija em, digamos, 9 de abril sob o signo solar de Áries, e ele simplesmente não pode esperar que um signo astrológico mais apropriado esteja no horizonte? Tudo o que pode dizer para essa pessoa é "Vá em frente". Primeiro estude as características de Áries, e então se assegure de manter um registro cuidadoso. Se o elemental se tornar problemático você sabe a razão. Perceba as limitações, tecnicamente todos os signos se dão bem, mas saber o signo do Sol no qual está trabalhando lhe dará a margem para compreender como a personalidade do elemental está se manifestando.

Quando menciono "qualidades manifestadas" devo lembrá-lo de que, diferentemente de você, o elemental não tem um corpo. Astrologicamente, as leis ditadas pelo signo do nosso Sol, quando cria um corpo ou Maya, por meio do qual nosso espírito experimentará sua encarnação, nos rege. Junto com a personalidade do elemental, o signo do Sol também determina o tipo de manifestação que ocorre, quando ele estende seus poderes para nosso mundo. De acordo com *The Sacred Magic of AbraMelin the Mage* [*A Magia Sagrada de AbraMelin, o Mago*], apesar de se referirem a eles, nesse livro, como demônios, esses elementais criaram todas as coisas no mundo e eles usam os blocos de construção elemental quádruplos do nosso Universo para o fazer. Eles criam simplesmente por manifestação.

Se alguém estiver trabalhando com um elemental de Terra forte, enquanto o Sol e a Lua estiverem em signos de Terra, com uma hora favorável, e outros aspectos alinhados como uma máquina automática da Terra, então pode imaginar o que poderá ocorrer sobre esse plano, se aquele elemental estendeu suas habilidades para nosso mundo. No meu

Capítulo Oito

Templo em Connecticut trabalhei uma vez com elementais da Água, por um período de tempo, e experimentei o que alguns magistas devem chamar de "explosão". O elemental livrou-se de suas correntes. Assistentes trabalhando comigo, e os que viviam em nossa casa, podem contar histórias de terror sobre os encanamentos, o teto gotejando baldes, a pia e o vaso sanitário enchendo sem nenhuma razão. Manifestações aconteceram até nos níveis mais simples. Entretanto, elas cessaram abruptamente quando o trabalho ritual acabou.

No caso dos elementais de Terra, que são os mais fáceis para se trabalhar, as características manifestadas geralmente têm aparência de *poltergeist*, com solavancos, baques e guizos ao redor de um apartamento. Elementais do Ar quase sempre produzem locais gelados e desenhos inexplicados. Agora você pode compreender por que todos os iniciantes são advertidos contra a utilização de elementais do Fogo. Se ocorre "explosão" e manifestações começam a acontecer, é importante determinar como expulsar o elemental. Naturalmente, se está ouvindo solavancos e baques você não usaria um Ritual de Banimento do Fogo, se manteve bons registros pode determinar rapidamente o tipo de ritual que deve ser usado. Também é importante perceber que só porque você pretendeu evocar um elemental de Terra não significa que tenha conseguido automaticamente um. Tudo depende em quão intrincadamente planejou e conduziu o ritual em si.

Uma vez que um elemental começa a "falar", por intermédio do tabuleiro, você terá um registro manifesto para examinar. Outro aspecto astrológico a se considerar é o signo da Lua, pois reflete a natureza característica do elemental, assim como suas qualidades criativas e imaginativas, enquanto ele permanece não manifesto, flutuando nas marés no interior do triângulo. Naturalmente, se você é de Câncer, um elemental que está se manifestando sob uma maré lunar de Áries pode irritá-lo à inconveniência, pelo modo como se comunica. Os signos do Sol e da Lua o ajudarão a determinar como fazer a análise das comunicações que recebeu do elemental. Em qualquer sessão prolongada de comunicação com um tabuleiro Ouija, se assegure de, continuamente, anotar o horário, quando algo fora do comum acontece ao seu redor. Mais tarde você poderá perceber que as qualidades lunares mudaram drasticamente naquele momento, afetando a comunicação e criando distúrbios.

Outra exigência é registrar, no Registro Mágiko, as cartas astrológicas de todos os presentes durante seu ritual. Você poderá perceber que determinadas pessoas, ao trabalharem com o triângulo, ou simplesmente por presenciarem, são incompatíveis com o elemental. Você pode também determinar se um elemental tem possibilidade de se ligar a um indivíduo com o qual se sente mais compatível – assim como nós mortais, o elemental pode "se ligar" com algumas pessoas e não com outras. Além disso, as duas pessoas trabalhando com a *planchette* representam o pai e a mãe. Suas qualidades astrológicas têm um papel importante sobre como a "criança" ou elemental se comunicará e crescerá por um período de tempo. Você quer "progenitores" adequados para criar determinado elemental, que nasceu sob certo signo astrológico.

Além das razões evidentes para manter um Registro Mágiko, Aleister Crowley pontifica que "existem dificuldades muito grandes a serem superadas durante o treinamento da mente. Talvez a maior seja o esquecimento, que é, provavelmente, a pior forma do que os budistas chamam de ignorância. Práticas especiais para treinar a memória podem ser de alguma utilidade, inicialmente, para pessoas cuja memória é naturalmente pobre. Em qualquer caso, o Registro Mágiko é útil e necessário".[80] A pessoa comum é desprovida de uma perfeita memória; freqüentemente, algumas recordações sobre determinado incidente se esvaem até a obscuridade. Ao trabalhar com o tabuleiro Ouija, e se comunicar com os elementais, a necessidade de manter tal registro é evidente. Você deve saber o que o elemental disse antes, no caso de contradições deslizarem na comunicação. Lembre-se, o elemental, por natureza, é um espírito embusteiro, e aprende seus modos com você; não são inerentes a seu ser. Portanto, se contradições aparecem, você deve ter registros anteriores, para determinar o que pode ter inspirado a resposta do elemental. Entretanto, um elemental, quando confrontado com a multiplicação de mentiras, sempre dirá a verdade. Eu sugiro, com ênfase, que além das duas pessoas trabalhando com o triângulo, e uma terceira fazendo as perguntas, você empregue uma quarta, que aja apenas como o escriba, para registrar tudo o que está acontecendo e também o horário. Sendo essa sua única tarefa, ele poderá focar sua mente com mais concentração no Registro Mágiko.

Mesmo a psíquica Hester Travers Smith percebeu a importância de ter uma terceira pessoa quando fez experimentos com o tabuleiro Ouija. Ela escreveu: "Em nosso próprio círculo as palavras vêm com tal rapidez

---
80. Crowley, Aleister. *Book 4* (Texas: Sangreal Foundation Inc., 1972), p. 71.

que é quase impossível lê-las, exige um escritor canhoto experiente para captá-las, quando o navegador se mexe com a velocidade máxima".[81] Mais adiante: "Grande cuidado, precisão e rapidez são necessárias para ler o tabuleiro Ouija, e essa função deve ser totalmente tirada dos ombros dos navegadores".[82] Eu concordo – definitivamente, empregue um escriba.

Se decidir registrar as comunicações em seu computador diariamente, tudo o que foi escrito durante o ritual pelo escriba deverá ser incluído, não deixe nada de fora. Comente, não edite. Um bom cientista não edita nada, mas apenas elabora, em notas de rodapé, sobre o que foi concluído. Todos deveriam fazer questão de ler esses registros, e adicionar nele seus próprios comentários ou impressões. Novamente, não deixe nada de fora.

Em nenhum momento o Registro deve ficar restrito à observação de apenas uma pessoa. Também nunca minta em seus registros: relate o bom com o ruim, chore em sua alma com suas falhas e elabore sobre seus sucessos. Se você começar contando mentiras, então o que o pai contou para seu filho, ou o elemental?

É crucial que analise o Registro Mágiko do trabalho com o elemental com freqüência. Não se limite a colocar as anotações diárias e então deixá-lo de lado; como um verdadeiro cientista você sempre deve olhar os trabalhos das noites anteriores antes de começar qualquer incursão nova. Eu sugiro encontrar com todos antes do próximo ritual, para discutir os trabalhos anteriores, é claro que registrando quaisquer comentários novos, ou pertinentes. Isso não só o ajudará a se lembrar do que foi estabelecido anteriormente, mas também dará indicações do que deverá ser perguntado em seguida. Organize um rumo para as perguntas no seu planejamento, mas não seja rígido. Seja flexível em relação ao que perguntará. Está na natureza do elemental que eles, repetidas vezes, soltem coisas surpreendentes, que você não tinha considerado, e você pode querer prosseguir a partir do que ele comunicou. Neste caso, tudo bem sair do curso planejado; afinal, a razão principal para fazer qualquer trabalho é estabelecer um elo forte entre o seu mundo e o dele. Se ele está confortável falando, não o faça se calar. De qualquer modo, não acredite cegamente em tudo que ele diz. Teste-o constantemente.

Não consigo enfatizar o suficiente: por sua natureza ele é um espírito mentiroso, mas não o odeie, ou o considere maligno, por essa qua-

---
81. Smith, Sra. Hester Travers. *Voices from the Void: Six Years' Experience in Automatic Communications* (London: William Rider and Sons, Ltd., 1919), p. 7.
82. *Ibid.*, p. 71.

lidade. Ele somente mentirá quando tentar agradar os progenitores que o trouxeram à vida. Ele consegue isso lendo algo, em seu subconsciente, que pode estar desequilibrado. É por isso que as marés devem fluir de modo uniforme, como um fluxo desembaraçado em sua psiquê. As pessoas que participarem do ritual não devem ter impressões, nas águas, de seus subconscientes, a respeito do que deverá, ou não, ser esperado, depois que a questão foi lançada. Ao manter suas mentes e aspirações vazias, o elemental só poderá responder com a Verdade. É difícil treinar pessoas para que se concentrem na questão, ao invés de em uma resposta que eles gostariam de ouvir, mas isso tem que ser conseguido.

Se percebe que um elemental está mentindo demais, é prudente perguntar o porquê para ele, mas não se torne obcecado em determinar o motivo. Um perigo grave nisso é que pode apenas encorajá-lo. Suas perguntas simplesmente devem ser dirigidas para descobrir quem o elemental está querendo agradar na sala de ritual, ao dar respostas falsas. Isso é tudo. Esteja seguro de exigir a verdade do elemental, se ele está apontando o dedo para alguém no ritual. Se o elemental já está tentando agradar alguém, ele pode captar um pensamento inconsciente daquela determinada pessoa, de que ele ou ela não quer ser exposta, e por conseguinte apontará falsamente outra pessoa. (eu vi isso acontecer pessoalmente, isso é particularmente engraçado). Novamente, teste todas as comunicações em busca da verdade. Se percebe que alguém está afetando inconscientemente o ritual, você tem poucas alternativas. A pessoa deverá refletir profundamente sobre o que está trazendo sem querer para o ritual, logo quais descobertas pelas respostas falsas foram dadas pelo elemental deu. Se negarem que são elas, ou não puderem entender o que está desequilibrado, para ficarem aptas a corrigir seu erro, elas não devem mais ser admitidas na sala de ritual, nem mesmo como espectadoras.

Já foi perguntado se tudo bem usar um gravador de fita. Para isso eu digo sim, mas apenas um que utilize baterias. Isso será explicado mais tarde.

De qualquer modo, eu ainda recomendarei a utilização de um escriba. Parte de sua tarefa, que um gravador não pode completar, é escrever o horário em que algo estranho acontece, da mudança de temperatura, baques e estrondos até qualquer coisa fora do comum. Um gravador de fita é ferramenta fantástica para, de forma acurada, preencher as lacunas dos eventos noturnos, e inclusive é conhecido por captar coisas que não são audíveis para os ouvidos humanos, mas carece de algo que somente um escriba, com olhos e ouvidos, pode conseguir. Se um gravador de fita é utilizado, deverá ser tarefa do escriba transcrever a fita antes do próximo trabalho, para que possa ser analisada.

"Fazer mágika sem registro é como tentar dirigir um negócio sem contabilidade."[83] No decorrer de seu livro, Crowley continuamente usa tais exemplos da razão da necessidade de um diário, acrescentando: "Se chamar um auditor para investigar um negócio e quando ele perguntar pelos livros você disser que não pensou que valeria a pena manter um, não se surpreenda se ele pensar que é algum tipo de imbecil".[84]

Com o tempo, surgirá uma destreza sobre como utilizar seu Registro Mágiko. Isso se tornará visível em relação aos seus rituais, uma vez que, constantemente, analisa o que transparece e constrói a partir do passado e você será guiado pelas revelações, para prosseguir nas próximas comunicações.

Um de meus estudantes perguntou, uma vez, sobre as dificuldades que estava tendo para ativar exatamente as mesmas qualidades elementais, na noite seguinte, que reproduzissem as originais, do nascimento do elemental, na primeira noite. Ele queria continuar com as mesmas comunicações. Eu o lembrei de que deveria regular suas horas, uma incursão noturna, tudo bem, mas esteja certo de que seja a hora. A exigência principal, quando trabalha com um elemental, por meio do tabuleiro Ouija, é a base fixada que permitiu que o elemental nascesse em primeiro lugar, e se você convocou um elemental em determinado dia e hora, apenas evoque aquela força elemental, e não outra.

Alguns magistas argumentaram, por muito tempo, que um elemental não tem "imagem" definida, em sua esfera elemental específica, e que tal é simplesmente determinada pela abrangência dos atributos e das qualidades operantes, trabalhados quando o elemental foi *pela primeira vez* evocado. Na verdade, um elemental é um ser puro, sem forma ou substância; mesmo assim, ao planejar o tipo de porta pela qual o elemental pode se comunicar, você eliminou muito do trabalho de indagação sobre sua natureza. De muitos modos, o elemental é como você. Ele foi trazido à vida em uma hora específica, e com a passagem dos dias é afetado pelas qualidades astrológicas das marés e forças que banham nossa Terra.

---
83. Crowley, Aleister. *Magick in Theory & Practice* (New York: Castle Books, 1965), p. 141.
84. *Ibid.*

Capítulo Nove

"Existe, entretanto, uma boa maneira de usar esse instrumento para conseguir o que você quer, que é realizar toda a operação em um círculo consagrado, para que estranhos indesejáveis não possam interferir com ele. Então você deveria empregar as invocações magísticas apropriadas para que tenha em seu círculo apenas o espírito específico que deseja. Fazer isso é comparativamente fácil. Tudo o que é necessário são poucas instruções simples, e ficarei contente em dá-las, de graça, para qualquer um que tenha a precaução de colocá-las em prática."
— *Aleister Crowley*

Somente um louco gastaria tempo e energia preciosos construindo um templo glorioso na crença de que ele atrairá automaticamente seres invisíveis; consegue-se pouco com isso, exceto o louvor dos outros que reverenciam a bela sala. O semelhante atrai o semelhante, em qualquer plano. Estudos de caso de *poltergeists* mostram que um templo não é necessário para que eles sejam convidados ao interior de sua casa. Você deve levar isso em consideração, quando iniciar os trabalhos de Ouija. Aqueles que estudaram história enochiana dirão a você que John Dee praticou sua mágika angélica por toda a Europa, em salas e salões comuns, simplesmente, transferindo a totalidade, ou parte dela, para um espaço consagrado. A criação de um espaço permanente não é necessária, mas quanto ao estabelecimento de um espaço consagrado, é algo que precisamos discutir: o uso apropriado da imaginação. Essa é a única e mais importante ferramenta que o capacitará a firmar seu templo e círculo mágiko. Sem isso, um cômodo é apenas um cômodo.

Pode-se argumentar que a utilização do termo "imaginação" implica uma falsidade, criada pela mente, para apadrinhar uma crença, mas estará desconsiderando a aplicação mágika. Antes de mais nada, muitos momentos religiosos acontecem quando um indivíduo deixa a imaginação fluir profundamente em sua interioridade, em atenção às suas orações ou fé. Se isso for feito de forma correta, eles retornam com um sentido de conexão com seu Deus. Qual a diferença se um magista o faz sob circunstâncias controladas? Apesar de a imaginação ser uma ferramenta da mente do sujeito, também sabemos que se um indivíduo permite que seus pensamentos vaguem suficientemente longe nas águas astrais, algo acontece e nenhum mortal pode estabelecer a diferença. A imaginação nos dá a capacidade de vestir nossas deidades, e arredores, em um veículo astral apropriado, por meio do qual elas e nós possamos nos unir, em que é quase impossível determinar se as imagens estão vindo *da* mente ou *através* dela.

Falta de imaginação é a grande razão pela qual algumas pessoas podem recitar encantos mágikos e não conseguir absolutamente nenhum resultado, enquanto outros abrem portais ocultos. A maioria das entidades invisíveis é atraída por aspirações interiores, não necessariamente loquacidade tortuosa. Devo enfatizar novamente que essas entidades têm acesso a regiões de sua mente que você não alcança. Para que qualquer ritual tenha sucesso, você deve assegurar-se de que o que está empreendendo está em perfeita conformidade com sua Vontade Verdadeira. Na mente profunda das pessoas, geralmente elas não possuem a convicção de que um ritual funcionará realmente. Essa falta de confiança pode produzir um curto-circuito no ritual bem antes que ele comece. Em outras palavras, se você não acredita totalmente no que está fazendo, não é o elemental que acreditará. Ele, como a maioria dos seres invisíveis, age em concordância com sua fé em si mesmo.

O elemental está sempre pronto a agradar seu mestre, mesmo que seja para provar a descrença, profundamente inconsciente, em sua própria existência. Isso pode parecer uma espada de dois gumes, o que é de fato. O perigo sério é que, apenas porque você não acredita que a entidade seja real, não significa que ela não existe. Ao brincar com as águas astrais você pode acidentalmente abrir uma porta permanente em sua casa, enquanto acredita que nada aconteceu. Muitas vezes um elemental enganou humanos desse modo e conseguiu acesso ao nosso mundo; pouco depois o magista insuspeito, ou outros membros de seu lar, começou a ouvir ruídos de batidas, estalidos e estranhos sons deslizantes ao redor da casa.

Você deve saber, com clareza, a razão pela qual quer fazer um trabalho com elementais, e o que deseja alcançar. Quando faz o ritual e lê os encantos, você usa sua "imaginação" de certo modo e aquilo afeta o plano astral. Apesar de as aspirações exteriores e interiores andarem de mãos dadas, a concentração interior é o que atrai o elemental. É como uma chama eterna queimando na escuridão para guiar uma entidade em direção às fronteiras de nossa realidade. Por outro lado, os trabalhos de Ouija sempre atraem "algo", considerada a pletora de seres diferentes, apenas esperando do outro lado para deslizar pela porta. O grande risco reside em não atrair o que deseja, enquanto simplesmente permite a qualquer velha entidade atravessar aquela porta. O propósito integral deste livro é ensinar controle: Crowley escreveu que uma vez que uma entidade foi tragada por um tabuleiro Ouija, o "estabelecer a identidade do espírito por métodos comuns é um problema muito difícil".[85] O tipo de entidade, não necessariamente seu nome, deve ser determinado bem antes que ela seja autorizada a se manifestar. De outro modo, geralmente é impossível determinar se a entidade invisível é boa ou maléfica, até que seja tarde.

Com relação à manifestação de um elemental, foi longamente debatido se um templo, roupagens, ferramentas mágicas e outras formas de parafernália têm tanta importância assim. É uma decisão do indivíduo; entretanto, a chave está na simplicidade. Algumas coisas são imperativas para o controle e a proteção. O argumento mais forte para os suportes ritualísticos mais mundanos é que eles ajudam um indivíduo a estabelecer sua própria maneira, que por seu lado afeta o comportamento do elemental. Qualquer coisa que pense relativamente às ferramentas e ao ritual, se torna real para o elemental.

No plano arquetípico, sem nenhuma intervenção humana, as leis inerentes a determinados símbolos sempre atarão o elemental. Isso acontece porque as leis deste plano, no qual a ferramenta está, e o plano astral, que

---
85. Crowley, Aleister. "The Ouija Board – A Note", p. 319.

tem seu oposto invisível, amarram um símbolo semelhante ao da corrente mágika. Tudo tem um oposto: um visível e outro invisível. Um positivo e um negativo. O mero fato de que algo foi criado significa que alguém teve de pensar sobre seu uso e então projetou seus pensamentos sobre o astral, em consideração àquele item. Se obteve uma corrente, mas carece de uma convicção forte de que o elemental será atado por ela, ele não será.

Tudo o que já mencionamos em relação a símbolos astrais ou arquetípicos, inerentes ao reino elemental, não significa necessariamente que toda entidade será submetida completamente por tais Leis, se lhes deu uma licença, inconsciente, para que as ignore. A chave é *sem nenhuma intervenção humana*. No plano astral, ela deve seguir suas próprias Leis. Entretanto, quando obteve a corrente com objetivos ritualísticos, você projetou suas idéias no que diz respeito àquele item específico sobre o astral. Se existe um elo fraco ou quebrado em "sua" corrente, ele é conseqüência de sua convicção pessoal, sobre a capacidade de ela fazer o trabalho corretamente. O mesmo é válido para a maioria dos objetos religiosos, usados por sacerdotes e outros que praticam exorcismos, ou intercâmbios similares, com habitantes dos reinos invisíveis. Sua fé e imaginação devem ser inflexíveis e fortes – se hesitam, por uma fração de segundo, ficam diante da possibilidade de perder tudo. Um membro da Ordem Hermética da Aurora Dourada o disse melhor, quando escreveu: "Quando um homem imagina, ele realmente cria uma forma no astral, ou até em algum plano superior; e essa forma é tão real e objetiva para os seres inteligentes vivendo naquele plano, quanto nossos arredores terrestres são para nós".[86] A fé move montanhas, e a imaginação não deve ser desperdiçada à toa.

Há anos, no início de cada ritual de tabuleiro de que participava, nós meditávamos para entrar em um estado de relaxamento. Isso em geral nos tomava aproximadamente 15 minutos. Isso era imprescindível e importante, para que as águas astrais, no interior de cada um de nós, se tornassem calmas, em preparação para que nossos pensamentos fossem lançados para o astral corretamente. Após isso, tudo o que pensávamos se tornava extremamente vívido e real para os habitantes do astral. Meus professores freqüentemente nos advertiam sobre um efeito colateral, cau-

---

86. Frater Resurgam (Dr. Berridge), "Some Thought on the Imagination", *Astral Projection, Magic and Alchemy*, ed. Francis King (New York: Samuel Weiser Inc., 1975), p. 33.

sado por nossas atuações nas águas do astral: "Seus pensamentos lançados para as águas astrais são como pedras atiradas em um lago". A intensidade com a qual pensamos e usamos nossa imaginação determina a direção, assim como quão longe seremos capazes de lançar a pedra. E quando a pedra atinge as águas, como nossos próprios pensamentos, ela cria ondulações. As ondas são como se alguém balançasse uma teia de aranha, enviando vibrações sutis em direção à aranha, que sente as vibrações e é atraída em direção à sua fonte. Lembre-se dessa analogia, porque aqueles que perambulam, inconscientemente, pelo covil da aranha, muitas vezes se tornam sua vítima, como no caso de atividades *poltergeist*. Alguém, esteja ele presente agora, ou seja um morador anterior, jogou pedras onde não devia e atraíu um visitante indesejável. Onde a pedra é jogada e onde chegará devem ser planejados com cuidado. A lição aqui é controle: saber exatamente o que estamos convocando, e o que fazer, quando rastejar sobre as margens de nossa realidade.

Iniciantes muitas vezes negligenciam o efeito de ondulação nas águas astrais. Freqüentemente, ele é igualado ao karma, por engano, por aqueles que declaram ser uma retribuição astral, em conseqüência de o indivíduo estar se ocupando com coisas que não deveria. De qualquer maneira, esse caldo, muitas vezes bem dado, é apenas parte da causa e efeito, não tem nada a ver com você estar fazendo algo certo ou errado, mas com um magista despreparado. Quando uma pedra, ou pensamento, atinge as águas astrais, ela envia ondas em todas as direções, inclusive de volta para nós. Essa é a origem da bofetada kármica.

Na vida diária, a maioria dos pensamentos raramente cria ondulações, ou ondas amplas o suficiente, com intensidade, para causar danos sérios a nossa realidade, quando quebram e banham a margem. Cada um lida constantemente com essas ondulações; são parte da vida. Todos nós pensamos e é apenas natural que tais pensamentos afetem como funcionamos no mundo mundano. Entretanto, em um nível mágiko, devido à intensidade de nossa imaginação, que é comparável a uma pedra grande, as ondulações podem ser comparadas com ondas de maremoto. Se sua ilha diminuta, quer dizer que seu si mesmo interior não está 100% protegido, e sua ilha ficará diante da possibilidade de ser devastada, o que naturalmente afetará a mente consciente do magista – então, a bofetada. A única proteção verdadeira é uma psique apropriadamente preparada, que tenha sido fortalecida para aceitar as ondulações, ou as ondas de maremoto. Elas são todas a mesma coisa, não importa os termos que usa para as descrever: correntes, Tattwas ou ondas, águas astrais, ondas de maremoto e ondulações.

Quando faz um ritual adequado, algo percorre através do nosso sistema a uma velocidade alarmante. Exatamente o que esse "algo" é, você rotulará usando o termo com o qual se sente mais confortável – afinal, são apenas rótulos. Lembre-se de que um barco frágil, que ignore ou tente ultrapassar um *tsunami*, procurando refúgio na realidade consciente, quase com certeza será afundado, mas um barco robusto que mantém seu chão, sabendo o que vem em frente, vai impetuosamente para dentro da tempestade e em geral sai dela. *Embaixo como em Cima.* O barco robusto teve a convicção de sua confiança. O fundamento é que *quis* atrair uma entidade para você, e lançou uma pedra nela, que se espalhou nas águas para chamar sua atenção; com um pouco de sorte ele surfará de volta pelas ondas, em direção à margem. Apenas fique preparado para sua vinda, e para a das ondas também.

É importante que leia, e leia novamente, cada simples palavra que estiver planejando usar ao convocar um elemental. Você deve tornar-se extremamente familiar com cada palavra, para que quando estiver falando possa então focalizar sua imaginação em outras coisas. Bem no princípio, quando estiver convocando o elemental, você deverá imaginar uma porta se abrindo lentamente, na direção de onde ele está vindo. Então, ao longe, deverá visualizar a entidade se aproximando. Quanto mais forte for a imagem visual, maiores as chances de estar atraindo o elemental correto. Uma vez que os elementais são arquetípicos, você deverá vesti-los com a imagem de uma bola colorida brilhantemente iluminada. Para iniciantes é o mais fácil de visualizar. As melhores cores para usar são amarelo para o ar, vermelho para o fogo, azul para a água e negro, ou bola de luz verde, para a terra. Com o tempo, a imagem poderá se solidificar em algo mais, porém para principiantes uma imagem simples é melhor. Você será capaz de focar sua imaginação na medida em que ele se aproxima. Se deseja usar um símbolo diferente, outro que não seja uma bola colorida, lembre-se da regra de ouro de que os elementais são arquetípicos. Vista-os de forma apropriada, ao fazer isso nenhuma outra entidade poderá deslizar para dentro.

Quando utilizam mágika enochiana, alguns magistas colocam a Torre de Vigia correta na parede, voltada para a direção em que estão convocando o elemental. Enquanto fazem a evocação real, eles imaginam a entidade como uma bola diminuta de luz espiralante, ficando maior e maior até que desce suavemente pela Torre de Vigia. Essas Torres de Vigia são talismãs bastante complicados, ou portais, e requerem muito estudo para serem totalmente aproveitadas, em especial se relacionadas a um Templo.

Há anos, na Loja Brocken Mountain O∴ T∴ O∴, em Connecticut, o Templo estava coberto com tecido preto. Isso conferiu ao aposento uma atmosfera única, quando iluminado por candelabros, especialmente com a grande quantidade de incenso queimada. Os cantos do aposento virtualmente desapareceram e todos se sentiram como se estivessem parados no negror do infinito. Para informar sobre esse Templo nós distribuíamos um Panfleto Enochiano chamado *The Cube* [O Cubo], que explicava ao noviço que "Nosso chão é um cubo, você não pode ver seus lados, ou seu fundo. Você está parado sobre seu topo. Esse cubo é nossa Terra quadrada, não redonda em sua forma. Ela está flutuando nas brumas do negror chamado espaço".[87] Na ocasião, o panfleto explicava que, apesar de as Torres de Vigia estarem penduradas em nossas paredes, não existem paredes para um ser invisível. Os portões sagrados do Universo estão flutuando, ou suspensos na escuridão do espaço infinito. "Quando um indivíduo percebe que o Templo é realmente uma fortaleza que faz fronteira com o reino do Abismo, ele começa a ver a imensa vastidão que se estende além do portão (Torre de Vigia), então a importância desses portões é percebida. É através desses portões que a entidade desejada entrará em nosso universo, quando evocada, e se manifestará em nosso Templo. Esses portais são tão sagrados quanto perigosos."[88]

O círculo cerimonial, que discutiremos neste capítulo, protegerá todos no interior de seus limites, agirá como uma fortaleza na fronteira do Abismo de Choronzon, "onde quem entra deverá estar em segurança, como em um castelo fortificado, e nada deverá ser capaz de causar danos a ti".[89] Apesar de dizerem que Choronzon vive no Décimo Aethyr, seu reino automaticamente se estende até as paredes externas de um círculo magístico. Uma vez desenhado e consagrado, essa é a qualidade astral, ou arquetípica, do círculo. Ele age como uma Cidade Sagrada onde "os exércitos da Luz são posicionados contra o Abismo mais distante, contra

---

87. Frater Achad Osher, *Liber XXI The Cube, A basic symbolic representation of the Enochian Temple in relationship to the Universe* (*Connecticut:* Brocken Mountain Lodge O∴T∴O∴, 1977), p. 2.
88. *Ibid*, p. 4.
89. *The Greater Key of Solomon*, trans. S. Liddell MacGregor Mathers (Illinois: The de Laurence Company, 1914), p. 104.

o horror do vazio e a malícia de Choronzon".[90] Esse comentário vem da visão de Crowley do Décimo Primeiro Aethyr Enochiano ou reino chamado IKH,[91] que fica antes do reino de Choronzon. A totalidade da visão deveria ser estudada, com cuidado, no *The Vision & The Voice* [A Visão e a Voz], de Crowley. Isso proporcionará uma compreensão mais clara do círculo e de seu relacionamento com o reino das Cascas, especialmente se considerarmos os trabalhos com o tabuleiro Ouija. De modo geral, o círculo é parte do legado em comum da maioria das práticas mágikas, dos magistas cerimoniais à wicca.

As Torres de Controle, que agem como portais nas paredes imaginárias dessa fortaleza, são guardadas pelos quatro grandes arcanjos, Miguel, Gabriel, Rafael e Uriel, que podem subjugar Choronzon pela mera presença de sua Luz. Quando qualquer um de seus portais é aberto, um elemental pode entrar no círculo, pelo menos para movimentar o triângulo do tabuleiro Ouija. Enquanto estiver fazendo a evocação, é muito importante usar sua imaginação para trazer a entidade lentamente para o triângulo. Uma vez lá, ordene que suas ações fiquem confinadas nos limites durante toda a duração do ritual, ou até o momento em que lhe seja dada Licença para Partir. Entretanto, em quase todos os casos, o elemental realmente ainda está em seu plano, ou apenas além das paredes do círculo. Quando você imagina a bola entrando lentamente no triângulo, isso não significa necessariamente que o elemental em si está lá, mas sim que lhe deu a possibilidade de utilizar o utensílio como meio de comunicação. Eu testemunhei um magista ordenar à entidade: "Pouse suas mãos sobre o triângulo!". Isso transmite uma imagem mais clara, da bola descendo como se uma entidade estivesse esticando suas mãos à frente, enquanto permanece fora do círculo. Embora seja raro, as entidades podem adentrar o círculo por meio das Torres de Vigia. É por essa razão que você deve atá-los ao triângulo, quer sinta que estão no interior do círculo ou não.

O ponto principal é que todos os rituais devem conter visualização. Sem o uso de nossa imaginação perdemos o controle. Algum tipo de imagística visual sempre deve acompanhar o que faz. Se utiliza uma Espada Mágika ou uma Adaga como ferramenta para controlar o elemental, deve imaginá-lo em um papel submisso ao seu comando, quando lhe aponta tal implemento. Se estiver tentando imaginar sobre como apontar uma

---
90. Crowley, Aleister. *The Vision & The Voice*, p. 152.
91. *Ibid.*, p. 21.

Adaga para uma entidade invisível, é muito simples. Um elemental sempre será amarrado em uma área determinada por sua imaginação, e essa poderá ser o triângulo, ou a *planchette*, usado com o tabuleiro Ouija. É em direção a esse utensílio que você apontará a Adaga.

Entidades invisíveis, em especial os elementais inferiores, são conhecidos por utilizar qualquer estratagema para fazer com que se pense que estão em qualquer outro lugar, para que você quebre suas amarras, mas sempre se lembre que, se atou a entidade dentro do triângulo, é lá que ela está. Se ela conseguiu se soltar é porque você a deixou sair. Evite utilizar quaisquer frases ou termos que indiquem que onde a entidade está é qualquer lugar que não seja no interior do triângulo, e continuamente acentue, durante toda a conversação, que ele está sujeito a ficar no triângulo. Isso deve ser feito por nenhuma outra razão além de reforçar isso conscientemente, para você mesmo, para que não tenha um lapso.

Elementais inferiores podem tentar escapar, criando toda sorte de embustes, mas somente sob seu comando, não os deles. Devo lembrá-lo de que ele não é um ser maléfico, assim como não o é uma criança de 3 anos de idade que queira brincar. Esteja verbalmente em guarda o tempo todo. Por exemplo, se você, conscientemente, pergunta se as batidas, cinco rangidos e cinco ruídos que ouve ao redor de sua casa são ele, e a resposta é sim, então você admitiu que ele está livre do triângulo, e permitiu que escapasse. Por outro lado, tudo bem perguntar como ele cria esses ruídos estando confinado no interior do triângulo e expresse esse aspecto com firmeza. Ele pode tentar enganá-lo com respostas como "eu não estou atado ao interior do triângulo", mas isso não é verdade. Em vez disso, lhe ordene que permaneça dentro do triângulo e o faça de forma impositiva. Então mude de assunto, mude o tema, leve para outra linha de pensamento. Suas habilidades permitem que ele, de fato, crie ruídos ou reações fora do triângulo, tanto durante o ritual quanto em outros momentos, mas essas são todas manifestações temporárias. É apenas lógico que se uma entidade parada fora do círculo é capaz de mover o triângulo, também será capaz de mover objetos e criar ruídos ao redor da casa, especialmente nas áreas que não estão confinadas no interior do círculo. Entretanto, ele não pode fazer nada dentro do círculo onde você está protegido, a não ser que permita.

O círculo define seu espaço sagrado. Ao começar um trabalho ritual com um tabuleiro Ouija, um círculo imaginário deverá ser desenhado em volta do quarto inteiro. Visualize uma parede de fogo enquanto lentamente aponta seu dedo ou Adaga mágika em direção ao chão, ao andar em um círculo toda volta do quarto. Todos os presentes devem permanecer no interior da linha de demarcação dessa imagem, durante todo o ritual. Sob nenhuma circunstância ninguém deverá ser autorizado a sair. Se eles o fizerem, isso enviará uma mensagem de que não acreditam na força da imagem, e isso será projetado no astral como uma quebra do círculo. Esse ato mundano prosaico pode autorizar qualquer entidade extraviada a se libertar, dentro de sua casa, para bagunçar sua comunicação e ameaçar a vida de todos os presentes.

Já avisamos sobre os perigos de permitir que qualquer entidade se comunique, como o fez Aleister Crowley em seu desgosto, com as pessoas que se comunicam "com qualquer inteligência extraviada que pode estar vagando ao redor" e com aqueles que "usam o tabuleiro Ouija sem tomar as mínimas precauções".[92] Você precisa ter um controle total de suas cercanias astrais durante o ritual, definindo um espaço de forma circular para representar o universo no qual o trabalho deverá acontecer, então "limpar a casa" banindo tudo o que estiver dentro do círculo. Essa condição será explicada no próximo capítulo. Você deve se considerar um cientista que necessita de um espaço de trabalho limpo e um ambiente sem germes, para que o experimento não seja corrompido ou contaminado. Do mesmo modo que um cientista pode recorrer a precauções, quando deixa seu ambiente, para o salvaguardar, para que bactérias ou vírus indesejáveis não escapem para o nosso mundo, o magista também aprende modos de deixar um círculo sem quebrar a imagem astral. Por enquanto, siga uma regra simples: ninguém deixa o círculo, nem mesmo em pensamentos.

Uma vez me perguntaram se podemos imaginar luz branca pura, ao invés de fogo, quando estivesse desenhando o círculo mágico. Apesar de poder funcionar pela simples natureza de suas crenças, ela carece do simbolismo arquetípico apropriado para criar uma ponte entre o que está em cima e o que está embaixo, necessária em um trabalho ritual completo, como um enochiano, ou a mágika Ouija. Essas fórmulas devem ser consideradas semelhantes a equações matemáticas, testadas pelo tempo, e você deve aprender seus princípios antes de tentar imprimir idéias e propensões pessoais sobre o astral. No nível astral tudo o que pensa, ou formata,

---

92. Crowley, Aleister. *The Ouija Board – A Note*, p. 319.

se torna verdade, mas existem perigos, se pensar que isso se justifica em qualquer tipo de trabalho. Quando um ritual mágiko lida essencialmente com você mesmo, diz respeito à iniciação pessoal ou ritos básicos de culto, pode utilizar uma abordagem mais pessoal à estrutura. Entretanto, quando estiver com entidades invisíveis reais, você deve aprender as leis arquetípicas corretas que governam seu mundo, e não o nosso.

O círculo que desenhou em seu cômodo se situa no plano mundano, apesar de ter a capacidade de ficar temporariamente fora dele. Isso reflete sua habilidade de ser dois círculos ao mesmo tempo: um na realidade e outro no astral. É obrigatório captar essa qualidade do círculo. O problema para a maioria das pessoas é que após desenhar o círculo sua realidade parece ser a mesma e o invisível é, certamente, ainda invisível, mas o magista sabe que criou um espaço sagrado entre os dois mundos. Essa é a chave.

Embora esse estado "intermédio" seja mencionado teoricamente com freqüência, raramente é explicado de forma satisfatória. Se algo reside em estado intermediário, ele não é nem astral nem mundano, mas o que é isso? Esse estado é produzido pela união de dois círculos. Juntos esses círculos são simbolicamente macho e fêmea, ou realidade e astral. Quando unidos, criarão uma porta por onde uma entidade ou filho nasce. Quando em intersecção correta, esses dois círculos criam um símbolo antigo, conhecido como Vesica Piscis. Essa figura oval, apontando para o topo e o fundo, é semelhante, em teoria, a um triângulo mágiko, especialmente o de um tabuleiro Ouija. O modo como um círculo funciona é muito mais intrincado do que a maioria percebe.

A construção de um círculo é fácil. Em muitos grimórios antigos os magistas eram instruídos a pegar a Foice, a ferramenta de Choronzon, e fixar no centro do lugar onde o círculo seria feito. Isso define os perímetros do mundo de Choronzon em relação ao nosso universo, como ao desenhar uma linha na sujeira. Depois que o magista fixa a Foice no chão, é instruído a pegar uma corda de 2,75 metros de comprimento, amarrar uma das pontas na Foice e com a outra traçar a circunferência do Círculo, que terá de marcar ou com a espada ou com a faca. Essa ferramenta indica a força do magista, assim como do próprio círculo que acabou de desenhar. Desafortunadamente, fixar uma foice no tapete de sua sala de visitas, ou chão da cozinha, tem algumas vezes um efeito negativo, quando visto mais tarde por aqueles que não participaram diretamente do ritual, como o senhorio. Nesse caso, use sua imaginação para criar o círculo. Você pode também criar um círculo feito de tecido, para ser desenrolado e colocado ao redor do aposento quando for necessário, ou de pequenas peças de madeira cortada, colocadas sobre o chão, peça a peça, até que se tornem um círculo completo. Os pensamentos que acompanham a confecção desses círculos ajudam a fortalecer a imagem astral.

O círculo portátil deve ser colocado antes do início do ritual, e você ainda deverá passar pelos movimentos de visualização de uma parede ardendo em fogo, enquanto vagarosamente aponta sua adaga mágika em direção ao perímetro do círculo, ao caminhar, circulando em toda a volta do aposento. Em todos os casos, os círculos que vi tinham por volta de 15,24 cm de largura, alguns brancos com uma borda verde dentro e fora. Tudo bem se você criar um círculo original que reflita seu próprio ritual e crenças. Por exemplo, pode escrever sobre o círculo os nomes apropriados dos arcanjos ou os quatro nomes sagrados que vibrou em direção aos quatro quartos. Esses nomes não apenas o ajudarão a definir as quatro direções (Leste, Sul, Oeste e Norte), mas também agem como proteção contra visitantes indesejados.

Depois que o círculo foi desenhado e banido, ou limpo, tudo no círculo deverá ser consagrado. Isso indica a afirmação de sua sacralidade, não apenas para você, mas para os Deuses. Existem muitos tipos de Rituais de Consagração, mas há um exemplo excelente encontrado em um livro chamado *The Magus* [O Mago]. Aqui o magista faz sua afirmação dizendo:

> *Em nome da Trindade sagrada, bela e gloriosa, nós prosseguimos nossos trabalhos nesses mistérios, para realizar o que desejamos, nós ainda, em nome dos citados acima, consagramos esse pedaço de chão para nossa defesa, para que nenhum espírito, seja qual for, possa ser capaz de quebrar essas fronteiras, nem seja capaz de causar ferimentos ou danos, para nenhum de nós aqui reunidos; mas que possam ser compelidos a ficar diante do círculo, e responder verdadeiramente nossas perguntas, tanto quanto isso nos satisfaça. Ele, o que viva para todo-sempre, e sempre, e que diz, Eu sou o Alpha e o Omega, o Início e o Fim, o que é, o que foi e o que será, o Todo-Poderoso, Eu sou o Primeiro e o Último, que vive e esta-*

va morto, e vejam que vivo para sempre e sempre; e tenho as chaves da morte e do inferno. Abençoe Senhor! Essa criatura de terra que pisamos; confirme, Oh Deus tua força em nós, para que nem o adversário ou qualquer coisa maléfica possa nos causar o fracasso, pelos méritos de Jesus Cristo. Amém".[93]

Esse é um autêntico Ritual de Consagração do velho éon. Existem novas versões que Aleister Crowley recomenda em sua obra *Magick in Theory & Pratice* [Mágika em Teoria e Prática], Capítulo XIV, sobre Consagrações. Na versão de Crowley o magista simplesmente levanta os braços, pensa no seu Santo Anjo da Guarda e consagra tudo no interior do círculo proclamando em voz alta: "Eu sou erguido em vosso coração; e os beijos das estrelas caem pesadamente sobre teu corpo" (Al II:62). Enquanto proclama isso, o magista imagina tudo no interior do círculo sendo banhado em uma luz branca brilhante com todo malefício ou negatividade sendo arremessado para fora do círculo. A versão do velho éon acima é para lhe propiciar outra idéia, para o caso em que queira criar seu próprio Ritual de Consagração, com base em crenças.

No interior do círculo, você não deverá ter nenhum mobiliário ou itens não relacionados ao ritual iminente. Eu não mencionei muitos dos implementos usados no repertório de um magista porque a maior parte deles não será necessária de imediato. Menos é sempre mais em um ritual de tabuleiro Ouija. Além disso, existem muitos volumes excelentes como o *Book 4* [Livro 4] ou *Mágika em Teoria e Prática*, de Aleister Crowley, que explicam a simbologia e o uso desses implementos. Você pode querer introduzir alguns itens em uma ocasião posterior, quando surgir a necessidade. O que decidir a respeito, esteja seguro de que compreende completamente seu simbolismo mágiko e arquetípico. Nenhum item deve ser usado ao acaso em um ritual só porque você "pensa" que ele deveria estar lá. Como um verdadeiro cientista, não deve utilizar coisas que não compreende totalmente.

No início, tudo do que precisa é de uma mesa e cadeiras, o que pode ser simples como arrastar a mesa da cozinha ou a mesa de centro para o centro de um aposento para que um círculo "imaginário" de tama-

---

93. Barret, Francis. "Of the Particular Composition of the Magic Circle being Book II Part III", *The Magus* (New York: University Books, Inc., 1967), p. 106.

nho considerável possa ser desenhado em volta dela. Crowley diz que ainda que "o Magista sofreu limitações na sua escolha do aposento, ele é mais ou menos capaz de escolher em que parte do quarto trabalhará. Ele considerará conveniência e possibilidade. Seu círculo não deverá ser muito pequeno e limitar seus movimentos; não deve ser muito grande para que ele não tenha de atravessar uma grande distância. Uma vez que o círculo é feito e consagrado, o Magista não pode sair dele ou mesmo se inclinar para fora, para que não seja destruído pelas forças hostis do lado de fora".[94] Se assegure de que o círculo é grande o suficiente para permitir os movimentos adequados à realização do ritual. Se alguém no aposento corre o risco de cair acidentalmente, ou sair para fora quando se estica, então o local é muito pequeno e deve reconsiderar sua área.

Ademais, não deverá ter absolutamente *nenhuma luz elétrica* ou dispositivos elétricos usados durante o ritual, se possível. Devem ser permitidas apenas velas. Geralmente se acredita que correntes elétricas fortes afetam a maioria das entidades invisíveis, e eu tendo a concordar, a partir da minha própria experiência. Corrente elétrica, sendo equiparada de forma elemental com o fogo, de alguma maneira divide as águas astrais. Meu professor disse que um bom trabalho de Ouija deve ser executado em aposento onde exista o menor número de quinquilharias elétricas, inclusive coisas como tomadas de parede, luzes e outros fios evidentes que possam ser percorridos por corrente elétrica. Lembre-se: mesmo que uma luz esteja apagada, seu fio pode estar em uma tomada na parede e existe eletricidade percorrendo os fios até o interruptor de liga/desliga.

Se os fios estão no interior da parede, então isso é algo que não poderá ser evitado, mas outras correntes elétricas são administradas com facilidade. Eu sugiro retirar das tomadas todos os equipamentos elétricos do aposento onde fará seu ritual. Isso limitará as correntes, mantendo-as no interior das paredes e evitará que a eletricidade fique serpenteando pelo aposento, de um fio de aparelho para outro. Você deve também anotar, em seu Diário Mágiko, a localização de todas as tomadas. Elas podem afetar o ritual dependendo, para isso, da direção na qual estão situadas e a qualidade elemental que rege aquela área, em contraste com o que estiver sendo evocado. Se for possível, sempre evite aposentos que tenham tomadas de parede na direção em que está convocando o elemental. Melhor ainda, se não afetar demais o funcionamento da casa,

---

94. *Ibid.*, p. 57.

desligue a chave geral na área em que está trabalhando. Resumindo, menos corrente elétrica significa maior sucesso.

Também participei em cerimônias de *Wicca*, nas quais foram colocadas velas do lado de fora do círculo, sobre a lareira, mesas de canto, peitoril das janelas e outras áreas, para iluminar o aposento. Essa é uma péssima idéia do ponto de vista mágico. Pense com cuidado ao invés de levianamente montar seu lugar sagrado. Toda luz necessária para o ritual deverá ser colocada dentro do círculo. Existem poucas exceções para essa regra, onde lâmpadas são dispostas bem na borda de fora do círculo, mas essas têm um objetivo diferente do que iluminar. O número dessas lâmpadas varia, dependendo da necessidade ritualística, mas geralmente são nove lâmpadas ou velas colocadas em pequenos pentagramas no chão, bem perto do perímetro exterior do círculo. Todas as velas deverão estar perto o suficiente do círculo em caso de ter um problema de fogo e necessitarem ser apagadas com um sopro. Sob nenhuma circunstância um magista ultrapassará o círculo com as mãos, a não ser que ele, ou ela, esteja consciente das conseqüências terríveis de suas ações. Se a vela estiver muito longe e surge um problema, então uma ruptura mundana do círculo será necessária, imperativa, para moderar o problema, e isso também significa que a entidade pode escapar em decorrência de seus atos.

Crowley explica mais adiante o objetivo das lâmpadas: "Do lado de fora do círculo tem nove pentagramas eqüidistantes, no centro de cada um deles arde uma pequena lâmpada; essas são as 'Fortalezas sobre as Fronteiras do Abismo'. Elas mantêm, do lado de fora, aquelas forças da escuridão que, de outro modo, quebrariam e invadiriam o círculo". Ele continua a explicar: "Essas nove lâmpadas eram, originalmente, velas feitas de gordura humana, a gordura dos inimigos assassinados pelo Magista; servem de lembrete para qualquer força hostil, do que pode ser esperado se causar problema. Hoje em dia tais velas são difíceis de ser providenciadas, e talvez seja mais simples usar cera de abelha".[95] Ele tem razão; velas de gordura humana não são obtidas com facilidade em sua venda local. Velas comuns serão suficientes, desde que sejam "virgens" – novas e nunca usadas para qualquer outro objetivo. É sempre uma boa idéia testar uma vela extra bem antes do ritual, para medir o tempo que ela leva para queimar totalmente. Você não quer parte da defesa que mantém do

---

95. *Ibid.*, p. 58.

lado de fora "aquelas forças das trevas que de outro modo entrariam" se apagando lentamente, durante o ritual. De fato, é bastante recomendado que do lado de fora do círculo sejam usadas lâmpadas de óleo e não velas.

Alguns dirão que você deve purificar cada item no interior do círculo, mas nos trabalhos de Ouija isso não é totalmente necessário. Purificação significa apenas unidade de propósito. Isso é expresso inicialmente por você e então pelos presentes. Isso leva a entender que todos os equipamentos e parafernália no interior do círculo estão lá por apenas uma razão e esta é o ritual. Crowley utiliza uma analogia excelente com eletricidade: "Se o isolamento não é perfeito, toda a corrente volta para a terra. É inútil alegar que em todos aqueles quilômetros de fios tem apenas 1% de um centímetro sem proteção".[96] Tudo, no interior do círculo, deve ter uma finalidade direta no próprio ritual, sem exceção. Qualquer item casual trazido para dentro do círculo pode agir como um fio desencapado. Crowley afirma "portanto, a primeira tarefa do Magista, em toda cerimônia, é tornar seu círculo inexpugnável".[97] Nunca se esqueça disso.

Magistas também soam um sino antes do início do ritual, geralmente depois que as nove velas tiverem sido acesas e o círculo, desenhado. Isto é feito para chamar o Universo à consideração. O sino sagrado geralmente é atado à corrente de 333 elos, que mencionamos previamente como tendo analogia com Choronzon. Crowley escreve: "Ao som desse Sino o Universo pára, por um momento indivisível de tempo, e atende à Vontade do Magista".[98] Em seguida, a "Intenção" ou um Juramento Mágiko é lido. Esse Juramento é nada mais que uma declaração, cuidadosamente escrita, que relembrará a todos na câmara de ritual, tanto visíveis quanto invisíveis, o que está tentando obter. Ele deverá ser revisado em busca de fissuras. Lembre-se da história do magista fazendo um ritual elaborado em busca de dinheiro apenas para descobrir um centavo na calçada – alguns podem pensar que ele falhou magikamente em atingir sua meta, mas ele falhou? Absolutamente não existe meio de explicar o que você deverá escrever em sua intenção, uma vez que nunca existem dois rituais iguais. Isso é algo que somente se torna evidente por meio de uma refle-

---

96. Crowley, Aleister. *Magick in Theory & Practice* (New York: Castle Books, 1965), p. 101.
97. Crowley, Aleister. *Magick in Theory & Practice* (New York: Castle Books, 1965), p. 101.
98. Crowley, Aleister. *Book 4*, p. 112.

xão cuidadosa das tentativas e dos erros. Não encare esse aspecto do ritual com superficialidade; todo o seu sucesso depende dele. Eu devo acrescentar que uma intenção curta é bem melhor que uma que seja longa e errática, então seja conciso e direto ao ponto.

Na evocação real, é melhor, para os iniciantes, simplesmente usar a Terra, do chamamento enochiano da Terra. Ela será fornecida no próximo capítulo. Sempre se lembre do que Aleister Crowley escreveu sobre evocações. "Todo o segredo pode ser resumido nessas quatro palavras 'Inflame a ti mesmo orando'."[99]

Um vez que a *planchette* tenha começado a mexer, você pode perguntar as questões para as quais busca respostas. No fim da sessão você vai querer dar à entidade uma Licença para Partir, ao invés de expulsá-la imediatamente. Isso significa mais que a cortesia de simplesmente dizer "Tchau" no jargão do tabuleiro Ouija. De fato, a Licença para Partir é dada imediatamente depois que a entidade moveu o triângulo em direção ao campo do tabuleiro onde a palavra *'Good-bye'* [tchau] está escrita. Você também vai querer dar essa Licença principalmente por causa dos resíduos: apesar de a entidade ser autorizada a partir, ou ido embora, sempre existe algo que permanece, ou mesmo que pode ser atraído para o círculo pelo vácuo criado pelo elemental em sua partida. A Licença garante que, se algum outro teve esperança de deslizar, para dentro de nosso mundo, será impedido. É virtualmente impossível ter uma operação que flua suavemente sem deixar tais resíduos; Crowley reconhece isso, nos advertindo de que esse tipo de resíduo "deve ser dispersado no tempo devido, ou irá degenerar e se tornar maléfico".[100]

O pior malefício é a obsessão, ou possessão, do sistema psíquico de um indivíduo ao qual o resíduo se liga após o ritual. Isso pode acontecer em horas, ou semanas, ou demorar mais; não existe regra fixa. Então é importante sempre usar a Licença para Partir, mesmo que nada apareça e o triângulo não se moveu. Se uma entidade permaneceu quieta, sendo um embusteiro completo, você deve forçosamente fazer com que saiba que deve partir, ou logo será expulso para o esquecimento do reino das Cascas de Choronzon. Poucos elementais se arriscarão a tal destino.

---

99. Crowley, Aleister, *Magick in Theory & Practice*, p. 129.
100. *The Grimoire of Armadel*, transcrito e editado por S. L. MacGregor Mathers (New York, Samuel Weiser Inc., 1980), p. 18.

Alguns dos antigos grimórios de mágika têm exemplos excelentes de Licença para Partir, ou O Descarrego, como o chamam. A maioria delas simplesmente agradece ao espírito ou elemental por responder, com diligência, a suas exigências e perguntas. Em seguida, explique que você dá licença para que ele parta sob a condição básica de que seja em paz e serenidade, mas requer que esteja pronto para vir novamente, quando for chamado. O Descarrego geralmente é uma despedida muito curta, porém cortês, para todas as forças. Um exemplo clássico de Licença para Partir é encontrada no antigo *Grimoire of Armandel*. Nele, o magista simplesmente recita para o espírito:

"Vendo que vieste em paz e suavemente, e respondeste-me em meus pedidos, eu retribuo agradecendo a Deus, pois em Seu Nome vieste. Parte então para vossa habitação, e tu fiques preparado para voltar logo que eu chamar a ti. Por Cristo nosso Senhor! Amém".[101]

Pessoalmente eu gosto do ritmo dessa licença e a usei no passado, omitindo a referência a Cristo. É permitido que crie sua própria licença, desde que acredite com veemência no que redigir. Crowley dá um exemplo excelente da Licença: um magista deve dizer com brevidade: "E agora eu digo a ti, parta em paz para tuas habitações e moradas – e possam as bênçãos do Altíssimo estar sobre ti em nome de (aqui mencione o nome divino adequado para a operação, ou um Nome apropriado para redimir aquele espírito), e que tenha paz entre mim e ti, e estejas pronto a vir, tão logo tu sejas invocado e chamado!".[102]

No que diz respeito ao Diário Mágiko sobre a Licença para Partir, Crowley escreveu: "Imediatamente depois da Licença para Partir, e do fechamento geral do trabalho, é necessário que o Magista sente-se e escreva seu registro mágico. Não importa quanto tenha ficado cansado pela cerimônia, ele deve se forçar a fazer isso até que se torne um hábito. Para dizer a verdade, é melhor falhar na cerimônia magista do que falhar em escrever um relato acurado dela".[103]

Poderá ser difícil entender exatamente o que se supõe que você deva fazer, passo a passo, quando está usando um tabuleiro Ouija ritualis-

---

101. Crowley, Aleister. *Magick in Theory & Practice*, p. 139.
102. Crowley, Aleister. *Magick in Theory & Practice*, p. 139.
103. *Ibid.*, p. 140.

ticamente; esses capítulos têm como objetivo mais a teoria do que lições passo a passo. No fim do livro eu adicionei um ritual sugerido, que você pode ou não querer usar, mas espero que lhe dê idéias relativas ao que deve ler. Se for sério, deverá refinar esses passos, para que se adaptem a você. Não existem duas pessoas com necessidades semelhantes. De qualquer modo há muitos volumes bons de mágika que podem ajudá-lo em seu estudo, e a maioria lhe dará pelo menos as preliminares. Quanto mais ler, mais exigências ritualísticas poderá querer introduzir ao seu trabalho com o tabuleiro Ouija.

Na verdade, esse método particular de comunicação tem funcionado com sucesso, sem nenhuma formalidade ritualística, por centenas de anos, e pode-se argumentar que a maioria do que discuti não é preciso para fazer o tabuleiro funcionar. As exigências básicas, precauções e teorias expressas neste livro são definidas para permitir que você alcance mais longe, com maior controle sobre quem decidir trazer através do tabuleiro. Quão elaborado deseja que seu ritual seja é decisão sua, isso geralmente depende do tipo de entidade com a qual deseja se comunicar. Como diretriz, os Anjos Enochianos exigem mais do que outras hierarquias espirituais. Com elementais e entidades mundanas, o ritual pode ser tão simples que apenas pousar as mãos sobre a *planchette* pode chamá-los. Nunca se esqueça de que é um cientista. Comece de leve, e a cada novo experimento tente algo diferente. Se for bem-sucedido, então acrescente ao repertório mágiko demonstrado, que estará estabelecendo. É bem melhor elaborar com vagar o ritual que começar com algo verborrágico e maçante.

Você aprenderá rapidamente que o plano astral é um lugar bizarro demais para brincar. No início, quando está preparando o espaço de seu Templo e tentando obter as ferramentas mágikas, coisas estranhas começam a acontecer. Crowley diz isso melhor: "Tão logo você começa a preparar seriamente um lugar para o trabalho magista, o mundo se torna mais absurdo do que já é. Não se surpreenda se perceber que, após seis semanas de intensas compras, não consegue um requisito simples que normalmente poderia conseguir em dez minutos. Talvez o fogo se recuse a acender, mesmo quando, literalmente, com uma porção de petróleo e fósforo, e um punhado de Clorato de Potássio jogado nele, só para mostrar que lá não tem maus sentimentos! Quando tiver quase concluído que teria sido melhor decidir fazer outra coisa, que não tenha algo que, na realidade, parece praticamente impossível de se obter – digamos, um diamante de 60 quilates que ficaria tão bem no turbante –, um perfeito estranho vem e lhe dá um de presente. Ou, uma longa série de obstáculos sem razão, ou acidentes tolos, interfere com seus planos: ou as piores dificuldades no caminho são removidas, de modo incompreensível, por algum 'capricho do destino' ou... em uma palavra, você parece perambular em um mundo onde – bem, talvez esteja indo muito longe ao dizer que a Lei de Causa e Efeito é suspensa; mas pelo menos a Lei das Probabilidades parece estar fazendo piadas com você. Isso significa que suas manobras, de alguma maneira, atraíram a atenção do Plano Astral: seus novos vizinhos estão interessados no último novato, alguns para dar boas-vindas, para fazer o que puderem para ajudá-lo a se fixar, outros indignados ou apreensivos diante do distúrbio em sua rotina".[104] Sim, peregrino, um novato tem muito a aprender.

---

104. Crowley, Aleister. *Magick Without Tears*, p. 171.

Capítulo Dez

"O sucesso é a prova: não discuta; não converta; não fale demais.
— Liber Al vel Legis 999:42

É contraditório eu ter escrito um livro inteiro sobre o uso adequado do tabuleiro Ouija, quando Aleister Crowley disse: "Poucas instruções simples são tudo o que é necessário"? Eu concordo com a Besta, mas também senti ser necessário um volume para refletir a respeito da história, as teorias por trás dos movimentos do tabuleiro e sua relação com a nova mágika eônica. Aqui vou determinar o que é exigido ponto por ponto.

O exemplo de ritual neste capítulo é para ser usado somente para evocações de um elemental Enochiano Terra de Terra. Se tiver sucesso com esse elemental e desejar continuar em sua atividade de exploração do plano astral, eu altamente sugeriria que escolhesse um bom livro de Mágika Enochiana, que poderá lhe ensinar as próximas Convocações e nomes obrigatórios.

Como já apontado, inevitavelmente você precisará evocar quatro elementais separados antes de ter dominado e controlado o próprio elemental da Terra.

No ritual a seguir você perceberá que para invocar um elemental Terra da Terra estará usando a 5ª Convocação Enochiana e o nome de deus CABALPT. Para invocar o próximo elemental de Água da Terra você usará o mesmo ritual, mas ao invés da 5ª Convocação utilizará a 14ª, e o nome de deus CABALPT será trocado para ANAEEM. Para invocar um elemental de Fogo da Terra usará a 15ª Convocação Enochiana e o nome de deus OSPMNIR. Finalmente, para invocar um elemental de Ar da Terra, você usa a 13ª Convocação Enochiana e o nome de deus ANGPOI.

Aqui estão algumas notas que poderá utilizar:

1. Você deve determinar qual aposento utilizarão e o tamanho do círculo. Então deverá colocar todo mobiliário e parafernália em seu perímetro. Isso incluirá uma mesa e cadeiras para o tabuleiro Ouija e seus participantes, e também outras cadeiras para o escriba e/ou convidados. Todos deverão tomar seus lugares e ficar confortáveis para uma sessão prolongada, se necessário. O magista permanecerá em pé. Deverá ter uma mesa para a adaga cerimonial e um livro de evocações e instruções completo, ponto a ponto, para que o magista possa ler facilmente nele, se sua memória necessitar de renovação. É conveniente acrescentar, além do usado pelo escriba, que o magista também tenha um lápis, ou caneta, em sua mesa, para fazer anotações enquanto faz as perguntas. Papéis soltos extras são sempre uma boa idéia. De fato, todos os participantes, exceto os dois que estiverem trabalhando com o tabuleiro, devem tomar notas relacionadas às suas sensações, impressões e observações, as quais deverão retornar para o escriba no fim do ritual; ele as colocará no registro mágiko. Um relógio deve estar à vista, com facilidade, para que todos possam vê-lo com clareza. Pessoas devem ser capazes de anotar a hora sempre que necessário. Lembre-se: esse não é um esporte de espectadores, e todos precisam contribuir com algo, mesmo que sejam apenas notas e impressões pessoais.

2. Uma vez que todos estejam confortáveis, o magista usa sua adaga para desenhar um círculo astral em toda volta do aposento, começando pelo leste e se movimentando em direção ao sul. Ele o imagina como uma parede queimando em chamas.

3. Uma vez que o círculo esteja completo, tudo o que estiver no seu interior deverá ser consagrado. O magista faz isso levantando as mãos para cima e proclamando em voz alta:

Sou elevado em vosso coração; e os beijos das estrelas chovem duramente sobre teu corpo.

Enquanto o magista está proclamando essa declaração, ele imagina tudo no interior do círculo sendo banhado em uma luz branca brilhante. Você não deve imaginar cegamente essa luz inundando tudo, ou destruirá o círculo que acabou de construir. Enquanto estiver consagrando, você deve manter em mente o perímetro do círculo e simplesmente criar uma imagem mental com toda negatividade e maldade sendo expulsa para as margens do círculo, ou lançadas para fora dele, na medida em que a Luz se torna mais e mais brilhante no interior do círculo. Uma vez que isso é completado o magista coloca a adaga de volta sobre o altar.

4. O magista então se vira para o Leste, pega o Sino e o faz soar três vezes, pausa, em seguida mais cinco toques, pausa, e três toques finais. Isso totaliza 11. O Sino é então colocado novamente na mesa/altar. Então, com os braços estendidos, o magista deverá proclamar em voz alta:

Faz o que quiseres, será o todo da Lei.

Isso significa que o Ritual começou. Nesse ponto todos devem tentar relaxar, respirar profundamente e meditar em silêncio no Objetivo por alguns minutos, ou tanto quanto for necessário, para inflamar a si mesmo em oração.

5. Então o magista se volta e fica de frente para o Norte. Ele recita a 5ª Chave Enochiana. A pronúncia pode parecer quase impossível depois de examinar a Chave, mas Enochiano é muito gutural, quase animal com seus aspectos vibratórios aumentando o tom de voz diante das letras individualmente, ou então mesmo dos grupos, ao invés das palavras como um todo. Muitas descrições sobre a pronúncia da linguagem são contraditórias entre si; todas aparentam ser autoridade no assunto. No volume 4 do livro de Regardie, *A Golden Dawn* – A Aurora Dourada* tem uma descrição excelente para principiantes, que sugiro que seja lida. Outros podem discordar, mas o ponto principal está em tentar; não se apegue a argumentos sobre o modo correto de pronunciar a língua angélica. Deixe seu próprio anjo guiá-lo, a partir do seu íntimo, quando falar sua linguagem, e para o inferno o clamor dos mortais. Além disso, não treine essas Convocações. Se tiver que o fazer, escolha ao acaso palavras diferentes para trabalhar. Essas Convocações podem ser

---

*N.E.: Lançamento da Madras Editora.

muito, muito perigosas e nunca devem ser pronunciadas inteiramente fora do ambiente de um Ritual. Não importa onde esteja, pronunciar essas Convocações abre os portais elementais e permite que entidades invisíveis possam descer para nosso mundo. Como Grady McMurtry costumava advertir, não existe coisas como "apenas treinamento".

A Quinta Chave (Enochiana)

Sapahe zodimii du-i-be, od noasa ta qu-a-nis, adorocahe dorepehal caosagi od faonutas peripeso ta-be-liore. Casareme A-me-ipezodi nazodaretahe afa; od dalugare zodizodope zodelida caosaji tol-toregi; od zod-cahisa esiasacahe El ta-vi-vau; od iao-d tahilada das hubare pe-o-al; soba coremefa cahisa ta Ela Vaulasa od Quo-Co-Casabe. Eca niisa od darebesa quo-a-asa: fetahe-ar-ezodi od beliora: ia-ial eda-nasa cicalesa; bagile Ge-iad I-el!

Apesar de não ser necessário recitar a mesma, a tradução para essa Convocação ou chave é como segue:

Os Sons Poderosos Entraram Pelo Terceiro Ângulo E Se Tornaram Como Oliveiras No Monte Das Oliveiras: Olhando Pela Terra Com Alegria, E Habitando No Esplendor Do Paraíso Como Confortadores Constantes. Para Quem Fixei Pilares De Contentamento 19 E Dei-Lhes Vasos Para Regar A Terra Com Todas Suas Criaturas. E Eles São Os Irmãos Do Primeiro E Do Segundo, E O Início De Suas Próprias Moradas, Que São Ornamentadas Com Lanternas De Chama Contínua 69636 Cujos Números São Como O Primeiro, O Final, E A Essência Do Tempo! Portanto Venham, E Obedeçam Sua Criação! Visitem-Nos Em Paz E Bem-Estar! Conclua Que Somos Os Receptáculos De Seus Mistérios. Por Quê? Nosso Senhor É Um E O Mesmo.

6. Então deixe que o magista recite:

Eu (repita seu nome), um servo fiel do Deus onipotente, amigavelmente, honestamente e em confiança reclamo e suplico a você, que apareça placidamente, afavelmente e favoravelmente diante de mim, imediatamente e sem demora, e de agora em diante, a qualquer hora que eu deseje, por toda jornada restante de minha vida, eu suplico a você que conceda todos meus pedidos, e conceda especialmente a mim o Conhecimento e Juízo, em todas as coisas designadas a seu Cargo e Ministério e que são consumadas por você, um e muitos. Eu comando a você que apareça no interior do triângulo (aponte para o navegador com a adaga), para desempenhar, e completar, com bondade, franqueza, clareza e perfeição, de acordo com sua Virtude, Poder e Cargo, e de acordo com a capacidade de seu Ministério, em confiança e compromisso dado a você pelo Deus onipotente. No nome sagrado CABALPT, espíritos da Terra, da Terra nascido, a ti convoco, Adore seu Criador! – NANTA

Quando o magista tiver terminado de vibrar a última palavra NANTA, os dois indivíduos colocam seus dedos sobre o triângulo, e *não antes*. Então o magista se volta e fica parado. Diante do tabuleiro Ouija ele pergunta:

'Quem respondeu nossa convocação?'

(ISSO INICIA O DIÁLOGO E AS PERGUNTAS COM O TABULEIRO OUIJA)

Uma das coisas finais que deverá fazer é perguntar à entidade o que é requerido, em seguida, para capacitá-lo a se comunicar mais adiante, ou se ele gostaria que se comunicasse com ele. Você também deverá perguntar sobre quaisquer requisitos espirituais, para si e os outros que estejam fazendo o Ritual. É importante que se torne um bom veículo, o que o habilitará a compreender, com mais clareza, as mensagens da entidade. Esse equilíbrio de condições, você se movimentando para dentro, e eles para fora, deve ser buscado em cada estágio do ritual, dia-a-dia. Se uma entidade lhe diz que você não precisa de nada para si, então é muito importante *questionar suas intenções*. Por que ela não o ajudará? A maioria dos mortais precisa de ajuda espiritual para desvelar sua Verdadeira Vontade, ou Estrela. Não tenha a pretensão de pensar de outro modo ou permitir a seu ego que se infle, por uma entidade dizer que você é perfeito. Se uma entidade não quer lhe dar ajuda em sua busca espiritual, existe uma razão, e o caminho que está percorrendo é muito perigoso, e muitas vezes de mão única. Entretanto, se as entidades lhe dizem para fazer certas coisas, então, antes do próximo ritual, você deve completar essas obrigações. Lembre-se, nenhuma exigência deverá envolver e ferir outro ser vivo, humano ou animal.

Se assegure de agradecer graciosamente ao elemental por sua orientação e ajuda dada durante à noite.
7. Quando estiver terminado o Ritual, depois que a entidade disser "Até logo", o magista dá a Licença para Partir. Aqui se utilizará a Licença para ser usada para todos os quatro Elementais da Terra: "E agora eu digo a ti, parta em paz para tuas habitações e moradas – e possam as bênçãos do Altíssimo estar sobre ti nos nomes de MOR DIAL HCTGA e em nome de ICZHHCAL, o Grande Rei do Norte, Espíritos da Terra deixem que haja paz entre ti e mim, e tu estejas prontamente preparado para vir, a qualquer momento que tu fores invocado e convocado novamente."
Bata uma vez com a adaga.
8. Então o magista elimina os resíduos de todo o aposento proclamando em voz alta:
Pois a vontade pura, sem mitigar o propósito, liberta da cobiça por resultados, é perfeita de todos os modos.

Faça o magista imaginar o aposento sendo banhado em uma luz branca brilhante enquanto faz a declaração acima.

Após executar o banimento, se ainda sentir que algo não está bem, como alguma negatividade, que se deixou ficar, tiver sido capturada e confinada no interior da casa, terá que executar o Ritual Inferior do Pentagrama completo. Na maioria dos casos, ele não é necessário.

Eu forneci em seguida esse ritual, entretanto não forneci instruções sobre seu significado, a simbologia ou como executá-lo. Ao invés disso incluí uma lição mágika a respeito dada por um dos ramos da A∴ A∴ de Aleister Crowley como um Apêndice deste livro. Ele explicará em profundidade esse Ritual.

Um Ritual de Banimento é algo que irá querer fazer de memória. Ele não servirá somente para banir a negatividade que se deixou ficar no fim de um ritual, mas também se algo drasticamente errado acontecer durante o Ritual, ele poderá ser usado, para arremessar para fora de suas cercanias, quase imediatamente, entidades indesejadas. Novamente eu devo pontificar, perpetre esse ritual de memória. Se aconteceram problemas em consequência de seus trabalhos mágikos, você não vai querer olhar o livro onde o ritual é mencionado e tentar aprendê-lo naquele momento.

No ritual a seguir, é determinado que você deverá "fazer um pentagrama com a arma adequada". Antes de tudo, o pentagrama será sempre desenhado de forma perpendicular e não invertido. Uma vez que estamos trabalhando com elementais da Terra você deve começar a desenhar o pentagrama da base esquerda apontando para cima em direção ao cume, então para baixo em direção à base direita, etc.

O Ritual Inferior do Pentagrama

(i) Tocando a fronte, diga *Ateh* (Para Ti).
(ii) Tocando o peito, diga *Malkuth* (O Reino).
(iii) Tocando o ombro direito, diga *ve-Geburah* (e o Poder).
(iv) Tocando o ombro esquerdo, diga *ve-Gedulah* (e a Glória).
(v) Abraçando os peitos com as mãos, diga *le-Olahm, Amen* (às Eras Amém).
(vi) Voltando-se para o Leste, faça o pentagrama com a arma apropriada; diga *Yod He Vau He.*
(vii) Voltando-se para o Sul, o mesmo, mas diga *Adonai.*
(viii) Voltando-se para o Oeste, o mesmo, mas diga *Ahih.*
(ix) Voltando-se para o Norte, o mesmo, mas diga *Agla.*
(x) Estendendo os braços em forma de cruz, diga:
(xi) *Diante de mim Raphael,*
(xii) *Atrás de mim Gabriel,*
(xiii) *Em minha mão direita Michael,*
(xiv) *Em minha mão esquerda Auriel,*
(xv) *Em toda minha volta as chamas do pentagrama,*
(xvi) *E na Coluna está a Estrela de seis raios.*
(xvii - xxi) Repita de (i) a (v), a "Cruz Cabalística".

9. A última coisa que o magista faz é afirmar para todos os participantes que o Ritual terminou e que agora lhes é permitido que saiam do círculo e caminhem em liberdade. Ele o faz declarando em voz alta:

A lei é Amor, amor sob vontade.

A congregação deverá bater palmas como reconhecimento de que entenderam que o ritual terminou, da mesma forma que o soar do Sino anuncia o início. Então, as nove velas são extintas. Se assegure de recolher e guardar todos os utensílios mágicos e seus objetos de apoio imediatamente, para não profaná-los tocando-os sem objetivo. Isso inclui, especialmente, embrulhar o tabuleiro Ouija com um tecido branco e tratá-lo, a partir desse dia, como sagrado. Agora ele é uma ferramenta consagrada.

10. O ritual mencionado antes é absolutamente opcional. Crowley escreveu que, no que diz respeito ao tabuleiro Ouija, existe um "bom modo de usar esse instrumento para conseguir o que deseja, que é realizar toda a operação em um círculo consagrado, para que alienígenas indesejados não possam interferir com ela. Você deve empregar então invocações magísticas apropriadas, para que tenha, em seu círculo, apenas o espírito que determinar. É comparativamente mais fácil fazer isso". Existem apenas dois requisitos compulsórios que um magista precisa, realmente, obedecer. Primeiro, você precisa aprender a traçar um círculo mágiko e consagrá-lo. Segundo, defina quem deseja contatar por meio do tabuleiro Ouija, pesquise sobre a entidade e então use as invocações apropriadas para convocá-lo. O método Enochiano é o mais fácil para controlar os elementais que têm acesso fácil ao reino das Cascas.

11. O estágio final de qualquer Ritual é o Registro Mágiko. Algumas pessoas acreditam que você deve reservar pelo menos uma hora depois do ritual para ter uma discussão aberta entre os que participaram, com o Escriba tomando notas. Se decidir fazer isso, tudo o que for dito durante essas conversas deve ser anexado aos Registros Mágikos do Escriba e, em nenhum momento, pode alterar o que foi escrito durante o ritual. Antes de começar o próximo trabalho com Ouija, seu Registro Mágiko deverá ser estudado com cuidado, para iluminar o que foi conquistado, o que ainda deseja saber e a direção na qual deseja ir. Os maiores resultados, e também pensamentos profundos, são geralmente alcançados por intermédio de rituais feitos durante um período de tempo prolongado, no qual a comunicação é feita de forma contínua com a mesma entidade ou na mesma região do astral.

Epílogo

Espero ter dado a você alimento suficiente para refletir em consideração aos trabalhos com o tabuleiro Ouija como ferramenta mágika. Não é apenas uma coincidência o fato de o tabuleiro ter aparecido durante o fim do século XIX no início do novo éon de Aquário. Isso pode ser reflexo de um processo evolucionário inconsciente, o aparecimento de uma ferramenta mágika para o crescimento espiritual da humanidade, como a própria Mágika Enochiana o foi.

Embora nem todos encontrem a Verdade nas páginas deste livro, ou tomem o que foi dito ao pé da letra, uma declaração profunda sobre mágika vem à mente a partir de um dos meus primeiros escritos: "Todas as palavras são falsas exceto na mente profunda do escritor (...) ou na daqueles que são espíritos afins. A insensatez apenas surge para os que crêem que suas palavras são a Verdade, que deve ser seguida por todos". Este livro é uma expressão de minhas crenças e estudos pessoais abarcando os anos que vão desde que pela primeira vez joguei com meu primeiro tabuleiro Ouija, em 1966, ainda quando em termos de mágika sei que só será verdade sob a luz das leis que abrangem minha própria Estrela interior, o centro de meu Universo.

Lembre-se do axioma mágiko *Assim como em cima, embaixo*. Assim como o Universo tem seu próprio conjunto de leis, onde nosso Sol é seu centro, assim acontece com cada um e todos entre nós. Cada indivíduo deve fazer experimentos mágikos, mesmo que seja com um tabuleiro Ouija se tiver que ser, para determinar quais são as leis corretas (por exemplo, crenças) de seu próprio Universo. Não existem duas estrelas iguais, nem com o mesmo conjunto de leis. Se algo do que escrevi puder guiá-lo em sua busca, então estou feliz; se discordar com o que escrevi, também está bem. É muito importante discutir o sistema mágiko de Crowley abertamente. Eu tenho feito conferências sobre mágika por 27 anos ímpares, no interior das Lojas da O∴T∴O∴, Capítulos e outras organizações, tanto para iniciados como para visitantes, e sinto que é a hora de oferecer a informação para uma audiência maior. Para citar o *The Book of the Law* [O Livro da Lei], "O sucesso é a prova em si: não discuta, não converta; não fale em demasia" (AL III:42). Este livro expressa meu próprio êxito no que diz respeito ao que aprendi no decorrer dos anos, e espero que inspire as pessoas a usar corretamente o tabuleiro. Apenas poderei dizer, a respeito de outras explorações nas quais me aventure, quando tiver me aventurado.

Deus não está morto. Ele existe junto com suas hostes, tanto as boas quanto as maléficas. Se estiver estimulado a sair e adquirir um tabuleiro Ouija para descobrir essa Verdade por si mesmo, eu lhe lembro novamente para que leia com atenção o que está escrito na parte de trás da caixa.

"Ouija... isso é apenas um jogo... não é?

Apêndice

Essência Mágika de Aleister Crowley é uma série de lições, distribuídas de forma privada em um dos ramos da A∴A∴ de Crowley. Agradecemos ao ramo pela graciosa permissão de citá-las na totalidade deste apêndice.

A Essência Mágika de Crowley

Compreendendo o Novo Éon pelos ensinamentos da Grande Besta.

Epístola nº 13

UMA CARTA ABERTA
SOBRE O RITUAL MENOR
DO PENTAGRAMA

Faz o que quiseres, será o todo da lei. - AL I:40

Caro estudante, antes que tente esse ritual, é importante fazer notar que Crowley criou um artigo de profunda sabedoria, com declarações claras, muitas vezes tomado com leviandade e mal compreendido pelo noviço. Acredito que o comentário a seguir deverá ser memorizado. "Aqueles que tomam esse ritual como um mero instrumento, para invocar ou banir espíritos, não merecem possuí-lo. Compreendido de maneira apropriada, ele é o Elixir dos Metais e a Pedra do Sábio."[105] Esse ritual afeta tanto as manifestações exteriores quanto as correntes internas do indivíduo. Assim em cima como Embaixo. Ah, sim, talvez se eu repetir essa

---

105. Crowley, Aleister. "The Temple of the Holy Ghost, The Palace of the World", *The Collected Works*, vol.1, 1905 (New York: Gordon Press, 1974), nota de rodapé nº 1, p. 204.

frase o suficiente você se lembrará sempre de relacioná-la com todos os princípios Mágikos. Se uma pessoa nunca trabalha com Magia Enochiana, nem tenta aventurar-se nas águas astrais profundas, ainda seria ricamente recompensada, se apenas cumprisse os requisitos do Diário Mágiko, *Liber Resh vel Helios* e o Ritual Menor do Pentagrama. Especialmente, os dois últimos rituais ajudam a equilibrar e a purificar as águas internas do indivíduo. Eles assentam o fundamento por onde a matéria bruta e o lodo astral é transformado lentamente em uma primavera clara, permitindo ao indivíduo que aspire as grandes alturas espirituais, de onde poderão perceber sua Estrela e Verdadeira Vontade. É dito que sem o Conhecimento apropriado desses rituais, a jornada mágika de alguém pode se tornar um experimento incrivelmente difícil e prolongado, ou mesmo impossível.

Em sua pesquisa você pode descobrir que existem muitas variações do Ritual de Banimento. Elas geralmente refletem as peculiaridades espirituais dos indivíduos, ou de certos grupos. Entre todos esses, sugiro que os iniciantes aprendam o Ritual Menor do Pentagrama. Sua origem é de certa forma obscura. Tradicionalmente, o ritual é creditado como um trabalho de Eliphas Levi*, apesar de nenhuma cópia de seu ritual ter sobrevivido e apenas haver referência breve a ele em um de seus livros. O registro da versão mais antiga do ritual é encontrado nos escritos magísticos da Ordem Hermética da Aurora Dourada. Aleister Crowley aprendeu esse ritual quando era Neófito naquela fraternidade por volta de 1898 e, historicamente, ele foi a primeira pessoa a realmente escrever uma versão do que aprendeu. Isso aconteceu em 1901, quando publicou uma versão do ritual em um poema interessante chamado "O Palácio do Mundo." Ele estava em uma coletânea de seus poemas intitulada *Alma de Osiris*. Não nos interessa no momento destrinchar esse poema verso a verso, apenas quisemos mencionar sua história. Ainda assim, as pessoas ficariam ricamente recompensadas se pelo menos o lessem.

Quatro anos após publicar seu poema, Crowley lançou o primeiro de três volumes chamado *The Collected Works of Aleister Crowley*. Nesse volume ele incluiu *The Soul of Osiris*, mas sob um título diferente, chamando-o *The Temple of the Holy Ghost* [O Templo do Espectro Sagrado]. Além da mudança de nome, ele acrescentou poemas novos e alguns antigos saíram. Crowley também adicionou notas de rodapé, descre-

---

*N.E.: Sugerimos a leitura de *Dogma e Ritual de Cita Magia e A Chave dos Grandes Mistérios*, ambos de Eliphas Levi, Madras Editora.

vendo cada seção do *The Palace of the World* [O Palácio do Mundo]. Na nota de rodapé acrescentada ao título do poema, Crowley escreveu que ele "descreve o aspecto espiritual do 'Ritual Menor do Pentagrama,' que anexamos, com explicações".[106] Então ele dá sua versão de O Ritual Menor do Pentagrama, que é onde o ritual foi publicado pela primeira vez. Alguns anos depois ele o incorporaria em um de seus manuscritos chamado "Liber O vel Manus et Sagittae", que apareceu no *The Equinox* Vol. I nº 2 em 1909. Ele também é encontrado em sua obra *Magick in Theory & Practice* [Magia em Teoria e Prática]. Se alguém estiver interessado poderá querer comparar a versão de Crowley com o ritual original da Aurora Dourada, o último foi publicado por Israel Regardie, em seu livro monumental intitulado *The Golden Dawn* [A Aurora Dourada]. Existem leves diferenças. Recentemente, O Ritual Menor do Pentagrama apareceu virtualmente em todos os livros sérios sobre Mágika. A essa altura, prefiro apresentar o ritual como apareceu no *The Collected Works* [Trabalhos Coligidos].

O Ritual Menor do Pentagrama

(i) Tocando a testa, diga Ateh (A Ti).
(ii) Tocando o peito, diga Malkuth (O Reino).
(iii) Tocando o ombro direito, diga ve-Geburah (e o Poder).
(iv) Tocando o ombro esquerdo, diga ve-Gedulah (e a Glória).
(v) Pressionando o peito com as mãos, diga le – Olahm, Amen (Às eras, Amém).
(vi) Se volte para o Leste, faça o pentagrama com a arma adequada. Diga Yod He Vau He.
(vii) Se volte para o Sul, o mesmo, mas diga Adonai.
(viii) Se volte para o Oeste, o mesmo, mas diga Ahih.
(ix) Se volte para o Norte, o mesmo, mas diga Agla.
(x) Estenda os braços em forma de cruz, então diga:
(xi) Diante de mim Raphael,
(xii) Atrás de mim, Gabriel,
(xiii) Em minha mão direita Michael,
(xiv) Em minha mão esquerda Auriel,

---

106. Crowley, Aleister. *The Collected Works*, vol.1, p. 204.

(xv) À minha volta flameja o Pentagrama,
(xvi) E na Coluna está a Estrela de seis raios.
(xvii - xxi) Repete de (i) a (v), a "Cruz Cabalística".

Crowley fez algumas correções simples nesse ritual, relativamente às seções ii e iii. Entretanto, não foram publicadas no tempo em que ele era vivo, tendo sido apenas distribuídas entre os iniciados da O∴T∴O∴. Nessas revisões, depois de tocar a fronte dizendo Ateh, Crowley quer que você "(ii) Tocando o peito diga Aiwass" e então enquanto "(iii) Tocando os Genitais diga Malkuth (O Reino)". O resto do ritual foi renumerado e permanece basicamente o mesmo. A crença geral por trás dessa mudança é criar uma ligação individual entre seu centro, do coração solar de Tiphereth, com a corrente Thelêmica pelo reconhecimento de Aiwass como "um símbolo do seu Santo Anjo Guardião".[107] Isso também move Malkuth para fora de seu coração central, para um local mais apropriado, apesar de alguns acreditarem que isso ainda é errado. A área genital é mais da esfera de Yesod – Esfera 9 do que Malkuth – Esfera 10 na Árvore da Vida. Ao invés de tocar os genitais eu creio que deverá apontar para seus pés, referindo-se assim ao lugar em que você e a Terra se unem.

Eu posso compreender a lógica das mudanças de Crowley, mas não concordo necessariamente com elas. De fato, Grady McMurtry e eu discutimos sobre isso em várias ocasiões. Quando eu era Mestre de Loja, em Connecticut, no final dos anos 1970, nunca ensinei esse aspecto do Ritual de Banimento, apesar de Grady acreditar que ele era obrigatório. A primeira vez que ele me disse isso eu fiz com que se lembrasse de que não me enviara uma cópia do mesmo e também não o tinha explicado inteiramente. Ele se desculpou e logo mandou um pelo correio. Quando chegou e eu vi as notas e as mudanças, ainda não conseguia me convencer a fazê-lo. Então Grady e eu simplesmente discutimos. Eu sempre acreditei que, se algum nome precisa ser vibrado ao tocar o tórax, deve ser o de seu próprio Santo Anjo Guardião, ou um termo que reflita sua aspiração a ele, mesmo que seu anjo seja desconhecido na ocasião. Isso é algo pessoal. Eu simplesmente não gosto de usar o nome do Anjo Guardião de outra pessoa, mesmo que seja apenas um gesto simbólico. Entretanto, se está

---

107. Soror Meral. *In The Continuum, Vol 1, nº 1* (California: The College of Thelema, 1973), p. 2.

buscando por algo para representar as 93 Correntes para seu centro do coração, então Aiwass é definitivamente o que busca, desde que perceba que ele não é seu Santo Anjo Guardião. Lembre-se de que Crowley declarou em termos precisos "Aiwass não é outro além do meu Santo Anjo Guardião, de cuja Conversação e Conhecimento aproveitei, de modo que tenho acesso exclusivo a ele."[108]

Para avaliar o Ritual do Pentagrama, você deve entender o simbolismo que está por trás de cada estágio, mas, antes que isso seja feito, devemos reconhecer que o ritual lida principalmente com o Si Mesmo, e não com as forças universais, apesar de que deve ter um efeito nas últimas. Isso fica visível pelo simbolismo do próprio ritual. Vamos examinar a primeira parte conhecida como a Cruz Cabalística. Você deve estar de frente para o Leste quando essa parte do ritual está sendo realizada. Então, lentamente, "Tocando a fronte", de preferência com o polegar entre o índice e o dedo do meio, você vibra "Ateh" o que significa 'A Ti'. Isso representa Kether, a primeira esfera na Árvore da Vida, assim como as forças diretamente acima da cabeça. Isso justamente é relacionado com o chacra da Coroa, e não o chacra Ajna, ou Terceiro Olho, como algumas pessoas podem pensar. O Ajna rege a segunda esfera de Chokmah. Esse argumento se origina em uma compreensão equivocada dos fatos. O chacra da Coroa é localizado no cume do esqueleto, enquanto o Ajna reside entre as sobrancelhas, ambos aparentemente próximos da fronte. Entretanto, a chave é encontrada no termo "Ateh" ou Tu És. Cabalisticamente, isso tem analogia a um aspecto de Kether, não Chokmah, e representa o cume do Pilar Médio no qual essa seção do ritual funciona. Isso é óbvio, uma vez que o próximo estágio o encontra tocando inapropriadamente as genitálias, enquanto vibra "Malkuth". Essa é a palavra hebraica para o Reino, que é representado pela 10ª esfera na Árvore, na parte inferior do Pilar do Meio. Então estará unindo um (Kether) com dez (Malkuth). Como foi mencionado, a área genital tem analogia mais próxima com Yesod. Você, na verdade, deveria estar apontando para seus pés quando vibrasse Malkuth com o sentido de "Terra".

Na segunda parte da Cruz Cabalística, é dito que toque seu ombro direito e vibre "ve-Geburah". Isso significa "O Poder" e tem analogia com a 5ª esfera de Geburah, ou Marte, que é encontrada no Pilar da Esquer-

---

108. Crowley, Aleister. *The Equinox of the Gods* (London: Edição privada da O∴T∴O∴, 1936), p. 127.

da. Então você toca o esquerdo e vibra "ve-Gedulah", que significa "e a Glória". Isso representa a 4ª esfera de Chesed, ou Júpiter, e está localizada no Pilar Direito. Apesar de raramente mencionado, o toque tanto do ombro direito como do esquerdo deve ser feito com mãos opostas. Isso transforma seus braços em uma Cruz sobre o peito, com o braço esquerdo afirmando a direita de Deus e o braço direito afirmando sua esquerda. Pela utilização dessas quatro esferas, um indivíduo forma seu corpo astral no interior de uma Cruz enorme. Algumas pessoas fecham os olhos para isso, apesar de que isso não é obrigatório. Então você imagina seu corpo sendo preenchido por uma luz brilhante enquanto junta devagar as mãos, tocando o peito com os polegares, e vibra "le-Olahm, Amen" que significa "Às Eras, Amém" ou com mais precisão "Para Sempre Amém" Isso arrasta toda corrente para o centro da Cruz, que é seu Chacra do Coração. Entretanto, se estiver segurando uma adaga, isso pode ser um pouco difícil. É melhor fazer usando uma adaga da versão da Golden Dawn. Aqui você simplesmente segura a adaga com as duas mãos levando-a para bem perto do peito, dizendo "le-Olahm".

Então solta as mãos e aponta a adaga devagar diretamente à sua frente, e diz "Amém". O desenho do pentagrama deve ser feito após, uma vez que a adaga está convenientemente estendida diante de você.

Antes mencionamos que Eliphas Levi é considerado o autor desse ritual porque ele o menciona em um de seus livros. Em *Transcendental Magic* [Magia Transcendental], traduzido e publicado por Arthur Edward Waite, em 1896, Levi escreve de maneira cifrada que "o iniciado disse levantando suas mãos até sua fronte, 'Por Ti', então acrescentou 'é' e em seguida trouxe suas mãos para os peitos, 'O Reino' então para o ombro esquerdo, 'a Justiça', depois para o ombro direito, 'e a misericórdia'; então juntando as mãos, acrescentou 'Tibi sunt Malkuth et Geburah e Chesed per aeonas' – um sinal da Cruz que é Cabalístico, de maneira absoluta e magnífica, que a profanação do Gnosticismo perdeu, completamente, para a igreja oficial militante. O Sinal, feito antes dessa maneira, deve preceder e terminar a Conjuração dos Quatro".[109]

Uma versão, ou tradução, com algumas diferenças do manuscrito em Francês de Levi, diz o seguinte. "Então, por exemplo, o iniciado levantando as mãos para as sobrancelhas, disse: 'É Vosso', então levou

---

109. Levi, Eliphas. *Transcendental Magic*, trad. Arthur Edward Waite (New York: Samuel Weiser, Inc. 1974), p. 234.

as mãos ao peito, 'O Reino', então transferiu a mão para o ombro esquerdo, 'o Poder', finalmente para o ombro direito, 'e a Glória', então juntando as mãos, acrescentou 'Tibi sunt Malkuth et Geburah et Chesed per aeonas' – um sinal da Cruz que é absoluta e esplendidamente Cabalística, e que a profanação da Gnose perdeu completamente para a Igreja Oficial Militante. O sinal feito dessa maneira deve preceder e concluir a conjuração dos Quatro".[110] Um ou outro, ambos querem dizer a mesma coisa, apenas com pequenas variações nas palavras. Em outras palavras, Levi está se referindo definitivamente à Cruz Cabalística que acabamos de discutir. Talvez nunca seja esclarecido se Levi alguma vez escreveu um Ritual do Pentagrama completo, ou se os Adeptos, que dirigiam a Aurora Dourada, simplesmente criaram a partir desse parágrafo, acrescentando algo além, como alguns acreditam.

Quando estiver desenhando o pentagrama adequado no ar, ele deve ser visualizado como um objeto astral flamejante. Magistas sabem que o ponto inicial do pentagrama determina se está usando fogo, terra, ar, água ou força espiritual. Para o noviço, o pentagrama deve sempre ser desenhado com a ponta para cima. Dessa maneira, ele representa a autoridade de seu Espírito Divino sobre todas as coisas elementais ou mundanas. Se é desenhado com duas pontas para cima, alguns acreditam que representa a crença de que a matéria é mais importante, e que reina sobre o Espírito Divino. Entretanto, essa visão do pentagrama invertido é muito simplista e fica no limiar de ser simplesmente um conceito do velho éon sobre bem e mal. Sim, a imagem invertida do pentagrama é freqüentemente descrita como as orelhas e os chifres do Bode do Sabá, ou Satã, e guarda analogia com a carta do tarô do Diabo, mas o que aprendemos nas primeiras Epístolas a respeito desse símbolo? O simbolismo verdadeiro desses pentagramas se torna óbvio quando olhamos para os atributos de cada ponta do pentagrama. A superior, ou ponta única, sempre simboliza o espírito. A direção na qual aponta apenas representa, logicamente, o domínio ou "sobre" as quatro qualidades elementais da matéria ou "sob" eles. Mesmo assim, existe um Grande Mistério que não pode ser totalmente contado nessa Epístola que é o porquê de ambos os pentagramas estarem corretos, para cima e invertido. Lembre-se de que anteriormente afirmamos que "sob" muitas vezes guarda analogia com

---

110. King, Francis. *Astral Projection* (New York: Samuel Weiser, Inc. 1975), p. 23.

"interiormente". Entretanto, se os espíritos residem interiormente, isso significa que a qualidade do sagrado é aceita neste plano, ao invés de ser uma aspiração cobiçada. Não preciso dizer mais. Uma mente astuta pode entender.

Quando desenhar um pentagrama voltado para cima, o ponto inferior esquerdo é sempre atribuído à Terra e o inferior direito ao Fogo. Os atributos dos dois pontos centrais do braço são: esquerdo para o Ar e direito para a Água. Essa estrutura de quatro partes é idêntica à divisão de cada Torre de Vigia Enochiana quando dividida em quatro quartos. No caso das Torres de Vigia, a 5ª qualidade, do Espírito, é atribuída à Grande Cruz, que não apenas separa, mas também une os quatro quartos. Acredita-se que cada simples linha desenhada em uma Torre de Vigia é um aspecto do espírito quando se desvela, como em uma teia de aranha. Uma vez que tenha memorizado os atributos de cada ponto do pentagrama, é importante lembrar que deverá sempre banir e invocar a força com a qual está trabalhando. Se não estiver entendendo, esses pentagramas, são desenhados cuidadosamente para o noviço no *Liber O vel Manus et Sagittae*, de Crowley.

Com o pentagrama fixado em sua imaginação, você assume a forma-deus do Entrante, que representa PALAVRA. Dando um passo à frente com o pé direito enquanto estende ambos os braços para fora, com a cabeça um pouco para baixo ou, como Grady McMurtry sempre brincou, "Igual ao Super-Homem!" Ao se mover para essa posição, você vibra o Nome Sagrado "Yod-He-Vau-He" enquanto imagina o pentagrama brilhando mais, como se tivesse sido carregado pelo nome mágiko. Você também imagina forças indesejadas, encerradas no interior do Círculo Mágiko, como sendo forçadas para fora da imagem. Após terminar de vibrar, você volta a ficar parado, na forma-deus de Harporcrates, ou SILÊNCIO, com a mão esquerda a seu lado, e, ou, sua mão direita fechada, com o dedo indicador estendido para seus lábios, ou o polegar tocando os lábios, com os dedos sendo fechados como se estivesse chupando o dedo.

Apesar de não ser mencionado no ritual, você deverá então apontar devagar, com a mão direita, para o chão e desenhar uma linha imaginária de chamas em direção ao Sul, onde deve parar. Isso estará firmando seu círculo, e alguns acreditam que o ativa astralmente. Os próximos três estágios são repetitivos. Olhando para o Sul, faça o mesmo que fez no Leste, desenhando o Pentagrama de Banimento da Terra, mas dessa vez vibrando "Adonai". Novamente, aponte sua mão direita em direção ao chão, e lentamente desenhe uma linha imaginária de chamas para o Oeste. Aqui você faz o mesmo que antes, mas vibra "Ahih" e, finalmente, se voltando para o Norte, faz outro pentagrama e vibra "Agla". Para completar esse estágio do ritual você deve se voltar, apontar a mão direita para o chão, e lentamente desenhar uma linha imaginária de chamas até o Leste. Isso não só fecha o círculo como também o conduz à posição adequada para o próximo estágio do rito, voltado para o Leste, onde você começou.

As quatro palavras, que são vibradas em direção às quatro partes, exigem uma explicação breve de seu significado. Para YHVH, algumas autoridades afirmam que você vibra o nome de Deus como Jeová (pronunciado Ye-Ho-Vah) ao invés das letras individuais hebraicas, Yod He Vau He. Apesar de "aparentemente" correta, pergunte a si mesmo com qual interpretação dessas letras se sente mais confortável. Não é um segredo que essas quatro letras têm inúmeros significados. Apenas porque são as quatro letras do nome de Jeová, não significa necessariamente que exista uma conexão maior que a entre João e toilete. Se não se sente confortável com as conotações judaicas de um deus-escravo, especialmente se considerar o que foi dito sobre Abraxas e Abracadabra, então sugiro vibrar cada letra separadamente; mais, isso representa de preferência a fórmula mágika de Fogo/Terra/Ar/Água, assim como todos os atributos associados com essas qualidades elementais do que o Deus Jeová. De uma maneira ou de outra a decisão é sua. No que diz respeito à palavra ADONAI, é apenas uma palavra hebraica que significa "O Senhor". AHIH é hebreu para "Eu Sou", e é pronunciada E-HE-YE. AGLA, pronunciada A-GI-LE-A, não é realmente uma palavra, mas as primeiras quatro letras hebraicas da frase "Ateh Gibor Le-Olahm Adonai." Crowley forneceu uma tradução por extenso da frase como sendo "A Ti, pelo Poder sobre as Eras, O meu Senhor." Ela me soa bem. Entretanto, fontes mais modernas traduzem corretamente como "Vós sois Para Todo Sempre Poderoso, O Senhor."

No próximo estágio do ritual, estenda seus braços totalmente para cada lado, para formar uma Cruz – enquanto imagina o corpo como uma imagem astral brilhante. Então diz, "Diante de mim Raphael, atrás Gabriel, à minha mão direita Michael e à minha mão esquerda Auriel, diante de mim as chamas do Pentagrama, e na Coluna a Estrela de seis raios". A esse ponto pode acontecer uma total confusão, principalmente se leu "Notes on the Ritual of the Pentagram" [Notas sobre o Ritual do Pentagrama], em que ele afirma: "Supostamente você está na intersecção entre os caminhos de Samech e Pe. Você está de frente para Tiphereth (O Sol), então em sua mão direita está Netzach (Vênus), em sua mão esquerda, Hod (Mercúrio), e atrás de você Yesod (a Lua)"[111]. A pessoa comum, não treinada em Mágika, pode não perceber a contradição aparente, por isso tentarei explicar o óbvio.

Primeiro, não existe problema quanto à direção de Tiphereth e Yesod. Entretanto, quando Crowley afirma que em sua "mão direita está Netzach, em sua mão esquerda Hod" existe uma discrepância importante. O arcanjo anteriormente reconhecido como estando à sua mão direita é Michael, mas ele não é o arcanjo de Netzach, ele rege Hod. É Auriel quem rege Netzach. Em outras palavras, porque admite Michael e Auriel estando diante de suas mãos direita e esquerda no ritual, quando, de acordo com Crowley, as esferas que eles regem estão opostas a onde ele afirma que é sua posição?

Sabendo que estará confuso, é importante que examinemos o ritual com mais cuidado. Começamos com a Cruz Cabalística para nos fortalecer internamente pelo reconhecimento de que somos o centro do nosso universo. Então desenhamos os pentagramas e o círculo, o que limpou a área e definiu nosso espaço neste plano. A lógica ordena que se Tiphereth está diante de nós no Leste, e representa o ar, então atrás de nós se achará Yesod, que é o aspecto aquoso do Oeste. Nosso lado direito, automaticamente, apontará em direção do Sul e o esquerdo, para o Norte. É tudo muito simples quando diz "Em minha mão direita Michael, em minha mão esquerda Auriel". Sim, Michael é um arcanjo do Fogo e nessa altura estará à sua mão direita, ou Sul. Isso significa que Auriel, arcanjo da Terra, deverá estar ao seu lado esquerdo, o Norte, que, de fato, é onde você reconhece que ele está. A confusão acontece quando Crowley declara que o indivíduo está na intersecção entre Phe e Samech, diante de Tifhereth, com Hod ao seu lado esquerdo e Netzach ao lado direito. Admitimos que os atributos de todos os elementais e arcanjos em analogia com os quatro quartos estão corretas e em sintonia perfeita com este

---

111. Soror Meral, p. 6.

plano. É apenas quando o ritual faz analogia com as esferas da Árvore da Vida que a confusão se estabelece. Ou isso acontece?

A questão básica é se Aleister Crowley está se referindo a uma Árvore da Vida interna ou externa em relação à posição. Para entender isso, você deve saber que alguns dos atributos na Árvore da Vida macrocósmica são invertidos quando em comparação com a Árvore da Vida microcósmica em você. Não somos uma imagem completamente espelhada uma da outra. Os atributos do "Em Cima" são sempre representados como estando atrás da imagem de um homem enorme Cabalisticamente assimilado a Adam Kadmon, ou o Adão universal. De fato, a maioria dos livros Cabalísticos desenha seus mapas usando essa imagem específica da Árvore. Antes de tudo, você não pode olhar para a face de Deus. Então é natural que se você olhasse para as costas de Adam Kadmon, seu braço esquerdo estaria onde o Pilar da Mão Esquerda da Árvore está retratado e seu braço direito seria então o Pilar de mão direita.

A Árvore da Vida microcósmica, representada em seu interior, é um pouco diferente. Essa Árvore é sempre desenhada na imagem frontal de um homem, análogo a você, e por isso é óbvio que alguns atributos se tornam revertidos. Por exemplo, o Pilar Médio se mantém o mesmo, mas os pilares direito e esquerdo mudam de lado. Você reconhece essa estrutura microcósmica durante a Cruz Cabalística ao tocar seu ombro direito para vibrar ve-Geburah e ao tocar seu ombro esquerdo para vibrar ve-Gedulah. Isso afirma que Geburah-5 e Hod-8 estão à sua direita, enquanto Chesed-4 e Netzach-7 estão do seu lado esquerdo. A verdadeira compreensão de como o ritual funciona surge com o seguinte fragmento de saber. Enquanto a afirmação interior da Cruz Cabalística está sendo reconhecida, o magista está simbolicamente colocado na intersecção entre Phe e Samech na Árvore da Vida macrocósmica. Em outras palavras, o magista está trabalhando mentalmente sobre Malkuth, entre Tiphereth-6, Yesod-9, Hod-8 e Netzach-7, para convocar as forças dos arcanjos que regem essas esferas para o plano da Terra onde ele ou ela está. Uma vez que tiverem baixado para Malkuth, os arcanjos assumem as direções elementais corretas desse plano. Não é tão complicado quanto parece.

Para dar uma idéia do perfume por trás do poema de Crowley "The Palace of the World" [O Palácio do Mundo] e sua analogia com o ritual, ele coloca a afirmação: "Diante de mim, Raphael" de forma muito poética como "Diante de mim reside o Um Sagrado, Ungido Rei da Beleza.".

Beleza é o atributo de Tiphereth. Os outros três versos são igualmente poderosos e alguém poderia mesmo sugerir sua utilização ao invés das falas tradicionais, pelo menos para que a versão do ritual fluísse mais belamente. Após afirmar que Raphael está diante de você, então proclame: "Atrás de mim, Gabriel". Esse é o arcanjo de Yesod, ou da Lua, que está naturalmente atrás de você se estiver frente a frente com Tiphereth. No poema, a referência é um pouco mais longa, declarando, "Atrás de mim, mais poderoso que o Sol, Para quem os querubins cantam, Um arcanjo forte, por ninguém conhecido, Vem coroado e conquistando". Ao invés de dizer, "À minha mão direita, Michael", o poema de Crowley diz "Um anjo se coloca à minha mão direita, Com a força da fúria do oceano". Como nota de rodapé para esse verso, Crowley escreve: "Michael, senhor de Hod, uma Emanação de natureza aquosa." Então o ritual o leva a reconhecer Auriel, enquanto o poema afirma, "Sobre minha mão esquerda o ramo ardente, carruagens de fogo se movem". Como nota de rodapé para esse verso, Crowley escreve: "Auriel, arcanjo de Netzach, a quem é atribuído o Fogo".

O funcionamento dessa parte do ritual, ou qualquer parte, não deve ser considerado com leviandade e, por essa razão, acredito que uma parte dele está flagrantemente errada e deve ser corrigida. É o uso de Auriel na versão da Aurora Dourada do ritual, como foi relatada por Aleister Crowley. Escolhi abordar neste ponto em vez de criar confusões precocemente. De acordo com a lenda Cabalística, Auriel é um dos 72 anjos que regem parte do zodíaco[112] e ele não é, repito não é, um arcanjo, como é Michael, Gabriel e Raphael. O arcanjo apropriado para a terra é Uriel. Por exemplo, os nomes corretos dos arcanjos que se comunicaram com Enoch estão listados em *O Livro de Enoch* como, "Michael, Uriel, Raphael e Gabriel."[113] John Dee também se refere a eles como "Michael." Gabriel, Raphael ou Uriel"[114] Em adição a isso, existe uma oração noturna tradicional da ortodoxia judaica que contém referência similar. Se espera que seja dito ao final da oração, "Em nome do Senhor Deus de

---

112. Runes, Dagobert. *The Wisdom of Kabbalah* (New York: Philosophical Library, 1957).
113. *The Book of Enoch*, trad. R.H.Charles (Oxford: Claredon Press, 1912) Capítulo IX, verso 1, p. 20.
114. Dee, John. *The Private Diary of John Dee*, ed. James Orchard Halliwell (London: The Camden Society, 1842), p. 22.

Israel, possa Michael estar à minha mão direita, Gabriel à minha esquerda, diante de mim, Uriel, e atrás de mim, Raphael, e sobre minha cabeça a presença divina".[115] Podemos apenas especular se o criador original do Ritual do Pentagrama sabia dessa oração, apesar de o ritual parecer ter palavras semelhantes. Quanto ao nome Auriel, alguns acreditam que a Aurora Dourada simplesmente se confundiu ao tentar usar um nome angélico similar de Ariel, que John Dee declara "é a junção de Anael e Uriel".[116]

Outros estudiosos apontaram outras discrepâncias. Por exemplo, em *The Magus* [O Mago][117], Uriel é mencionado como um anjo que rege apenas um dos quatro cantos de nosso planeta, o do Sul. Além do mais, de acordo com *The Magus* [O Mago], essa direção, e não o tradicional norte, tem analogia com o elemento terra. O subordinado angélico imediato de Uriel, que é o verdadeiro "regente do elemento terra", é Ariel. Esse mesmo livro atribui a regência de cada quarto a arcanjos diferentes do que a norma aceita; entretanto, a regência entre os anjos e elementos é correta. Por exemplo, no Leste está o Fogo regido por Michael, o Oeste é Ar, regido por Raphael, o Norte é Água, regido por Gabriel e, como já foi mencionado, o Sul é Terra, regido por Uriel. Do que se conclui que a pesquisa angélica é cheia de contradições, e levará qualquer um pelo caminho da confusão. Não importando quando ou como começou a confusão original, no que diz respeito ao nome de Auriel, eu sugiro utilizar o nome correto de Uriel quando realizar o Ritual do Pentagrama.

Existe um grande mistério que apenas pode ser captado se compreender claramente o que foi dito nas Epístolas anteriores a respeito da união dos opostos e as direções quádruplas mencionadas. Antes afirmamos que, quando Chokmah e Binah se unem, é aberta uma Porta Oculta (Daleth) que permite que desça uma influência sob Tiphereth e então se manifeste através dele enquanto surfa pelas marés elementais. Uma vez iniciado o descenso, ela se aproxima do magista que, no início da realização do Ritual Menor do Pentagrama, está de frente para o Leste, em direção a Tiphereth ou o Sol. Neste ritual, a produção da união entre

---

115. *Daily Prayer Book, Ha-Siddur Ha-Shalem*. trad. Philip Birnbaum (New York: Hebrew Publishing Company, sem data), p. 852.
116. Davidson, Gustav. *A Dictionary of Angels*, incluindo The Fallen Angels (New York: The Free Press, 1967), p. 54.
117. Barret, Francis. *The Magus, Book I* (New York: University Books, New Hyde Park, 1967), p. 112.

Babalon e a Besta acontece no interior do indivíduo. Ela inicia a finalização da "transformação" da pessoa e agora podemos compreender porque Crowley escreveu "Aqueles que tomam esse ritual como um mero artifício para invocar e banir espíritos não merecem possuí-lo. Compreendido, apropriadamente, ele é a Medicina dos Metais e a Pedra do Sábio".

A mais crucial vereda nesse estágio é conhecida como Arte ou Alquimia. Ela é o ponto de ligação final como ensinado do Sétimo Grau O∴T∴O∴. Na Epístola nº7, em uma Carta Aberta sobre a obtenção do Conhecimento, declaramos: "Existem outros Mistérios, demasiadamente Divinos para serem discutidos abertamente nessa Epístola específica, mas irei dizer a vocês, Crowley declarou que o Palavra Minerval de ON funciona no interior da Carta do Diabo e é completado em seu estágio alquímico final quando um indivíduo entra na Tríade Hermética como um Sétimo Grau cuja palavra também é ON. Esse estágio final é descrito pela carta de Thoth da Arte que tem analogia com a letra hebraica Samech-60 e é regida por Sagitário. A razão de essas cartas específicas manterem analogia com essas duas Palavras de Graus da O∴T∴O∴. pode ser difícil de entender. Entretanto, Crowley oferece esse conhecimento de forma clara ante o olhar do profano em 'Liber 777' Col. CLXXXVII em "Magical Formulae" ["Formula Magística"], mas sem indicação clara sobre se esses atributos se relacionam com a fórmula magística do ON. Ainda, com tudo que já discutimos sobre a carta O Diabo não será difícil perceber sua relação com o Grau Minerval com apenas um pouco de meditação. Pode ser difícil perceber a conexão entre a via da Arte e o Sétimo Grau, mas o Ritual do Pentagrama desvelará esses mistérios, quando o discutirmos em uma Epístola posterior. É por isso que, no passado, cada Minerval era informado de que deveria aprender esse ritual, mas, lamentavelmente, este compromisso não é mais ensinado na O∴T∴O∴.". Agora você entende? Gostaria de reiterar o que foi declarado anteriormente. Este é o caminho que uma influência, ou entidade, como o Santo Anjo Guardião, usa para se manifestar uma vez que tenha sido atraído através do Sol. É importante perceber isso. Uma atração alquímica de um Hermafrodita, metade homem, metade mulher, muitas vezes retrata a carta da Arte, como para indicar que ambos os Pilares, da Mão-Esquerda (418) e Mão-Direita (156), tivessem se misturado, como o Sol e a Lua o fazem por meio do Pilar ou Caminho do Meio. As palavras 'Caminho Médio', quando usamos a Cabala Inglesa, somam 574. 418 + 156 = 574. Essa mistura é você e seu anjo.

Em uma Epístola anterior eu já discuti a combinação de dois princípios magísticos antigos do Sol e da Lua. A qualidade Solar, em analogia com 666, representa o mundo material em união com a qualidade Lunar de 1080. sendo o Espírito Santo, e você deve considerar o principio solar (fogo) e princípio Lunar (água) como círculos, similares aos triângulos do Hexagrama Sagrado. Eu mencionei como quando esses dois círculos fazem intersecção eles criam um símbolo antigo, conhecido como Vesica Piscis, muitas vezes chamado de Vaso de Peixes. Uma luz acendeu agora? O magista está parado no centro dessa imagem de círculos em intersecção entre o Sol (Tiphereth) e a Lua (Yesod) quando realiza o Ritual Menor do Pentagrama.

Para refletir mais tarde sobre isso, alguém precisa apenas perceber que após reconhecer os quatro arcanjos, você proclamará em voz alta: "Em toda minha volta o Pentagrama arde, e na Coluna está a Estrela de seis raios". Além do óbvio, que a mistura de "cinco" e "seis" equivale a "onze" e é uma referência ao Grande Trabalho. A Estrela de seis raios guarda analogia com o fato de que se o ritual for realizado de modo correto, um Hexagrama Sagrado aparecerá automaticamente. Esse símbolo em si também retrata a união dos opostos que estivemos discutindo o tempo todo. Crowley notou que você " está, então, parado em uma Coluna protegida por sua invocação microcósmica. O resultado que se seguirá, sendo uma resposta macrocósmica, é que sem nenhum esforço de sua parte o hexagrama, ou estrela de seis lados, aparece tanto acima como abaixo de você"[118]. Em outras palavras, a coluna tem analogia não só com sua coluna vertebral "microcósmica", que é o canal primário de energia entre seus chacras, mas também com o "macrocósmico" pilar central da Árvore da Vida. No centro de ambas as colunas está Tiphereth, a 6ª esfera. Esse atributo solar é expresso mais adiante no fim do ritual, quando você abraça o peito com as mãos vibrando "Ie-Olahm, Amen". No nível microcósmico o que reconheceu é que sua Estrela central ou Sol existe como retratada pelo Hexagrama Sagrado, que é um símbolo de ABRAHADABRA 418. Também, as forças elementais que fluem adiante, no interior de seus raios, podem ser afetadas por você mesmo e ao mesmo tempo podem afetar sua "transformação" espiritual. A ilusão que cega a humanidade não o atinge. Você está com o completo controle das

---

118. Soror Meral, p. 6.

forças retratadas na carta O Diabo do tarô. As águas que uma vez correram com lodo e foram estagnadas podem, agora se tornam claras ao redor de sua pequena ilha. Queime em sua mente esses versos do Capítulo Três do *The Book of the Law* [O Livro da Lei], "Escolha tu uma ilha!" "Fortifique-a!" Essas palavras, assim como as seguintes que Crowley escreveu, quero repetir uma última vez porque elas devem ecoar em sua mente sempre que realizar o Ritual do Pentagrama. "Os que tomam esse ritual como um mero artifício para invocar ou banir espíritos não merecem possuí-lo. Compreendido apropriadamente, ele é a Medicina dos Metais e a Pedra do Sábio".

Estudos posteriores revelam que existem pequenas variações e teorias por trás das sutilezas retratadas no Ritual do Pentagrama. Muitos são corretos e mostram as tendências pessoais de indivíduos que compreendem o ritual e o afinaram para que se moldasse a suas crenças. Tudo bem com relação a isso, mas para que seja feito com sucesso você deve saber não só o simbolismo por trás do ritual, mas também o mecanismo mágiko que faz com que funcione. Esse ritual, assim como suas variações, pode parecer complicado, mas se alguém fosse compreender o princípio, poderia virtualmente esquecer o rito prolongado e quase verborrágico a fazer algo muito mais simples. De fato, Crowley afirmou que *O Livro da Lei* contém todas as Fórmulas Supremas e a partir dele esse rito "pode agora ser substituído com vantagens por (um simples verso e este será) 'vontade pura carregada de propósito, liberta da cobiça por resultados, é de todos os modos perfeita'(CCXX I:44) para banir".[119] Tão simples quanto soa, é muito mais complicado para usar do que fazer todo o Ritual Menor do Pentagrama. No entanto, eu dei todas as pistas sobre como esse verso simples pode funcionar nas páginas desta Epístola. Crowley também reescreveu o Ritual de Banimento do Pentagrama em uma forma totalmente diferente, que ele afirma: "É a melhor para usar".[120] Ela aparece no *Liber 333, The Book of Lies* [Liber 333, O Livro das Mentiras], Capítulo 25 e se intitula A Estrela Rubi. Ele também é encontrado no *Magick in Theory and Practice* [Mágica em Teoria e Prática]. Não vou abranger toda a teoria por trás desse ritual ou de seu simbolismo.

---

119. Crowley, Aleister. *Magick in Theory & Practice* (New Jersey: Castle Press, 1965), p. 107.
120. *Ibid*, p.104.

Eu pessoalmente acredito que as fórmulas elementais relativas ao Ritual do Pentagrama que já discuti são melhores para o iniciante.

De qualquer modo, depois de tudo o que já foi dito e feito, você deve se perguntar como saberá se o que está fazendo é o correto. Israel Regardie se expressou melhor sobre isso quando escreveu, "Deverá haver um senso claro, inequívoco em sua manifestação, de limpeza, até de sacralidade e santidade, como se toda criação tiver sido gentil, mas totalmente purgada, e que toda impureza e elemento sujo tiver sido dispersado e aniquilado".[121] Posteriormente, Crowley acrescenta que "um sinal de que o estudante está realizando isso corretamente (é) quando uma simples 'Vibração' exaure totalmente sua força física. Isso pode fazer com que fique totalmente quente ou transpire violentamente, e deverá então enfraquecê-lo tanto que sentirá dificuldade para permanecer em pé".[122] Entretanto, deveremos permanecer em pé e por ter praticado o ritual ele continuará com o próximo estágio. Sim, não é segredo que realizar esse ritual afeta tanto o indivíduo quanto seu entorno. Eu posso confirmar que, definitivamente, a atmosfera muda e é notado por todos, em especial nos Templos nos quais o ritual é realizado de forma continuada.

Tem apenas algumas coisas com as quais quero terminar esse capítulo. A primeira é lembrar ao estudante de invocar de vez em quando, citando Crowley, que adverte igualmente seus estudantes, "Não negligencie a Realização do Ritual do Pentagrama"[123] Finalmente, quero incluir um dos poemas de Crowley que, espero, proporcionar á novas inspirações.

O Pentagrama[124]

Nos tempos do Percurso Primal,
na aurora do nascimento terrestre,
o Homem domou o mamute e o cavalo,
e o Homem era o Senhor da Terra.

Ele fez para si uma pele oca,
do coração de uma árvore sagrada,

---

121. Regardie, Israel. *The Tree of Life* (New York: Samuel Weiser, Inc., 1969), p. 167.
122. Crowley, Aleister. *Magick in Theory & Practice*, p. 379
123. Crowley, Aleister. *Liber Aleph* (San Francisco: Level Press, 1972), p. 16.

Ele circulou então pela terra,
e o Homem foi o Senhor do Mar.

Ele controlou o vigor das correntes,
ele subjugou o raio para o empregar,
Ele arrebanhou o grupo celestial,
e o Homem foi o Senhor do Fogo.

Profundo clamor de seus tronos profundos.
os coros do éons declaram
O último dos demônios derrotado,
pois o Homem é o Senhor do Ar.

Levanta, Ó Homem, em tua força!
o reino é teu para ser herdado,
Até que os altos deuses testemunhem demoradamente,
de que o Homem é o Senhor de seu espírito.

Amor é a Lei, amor sob vontade. – AL I:57

MADRAS® Editora — CADASTRO/MALA DIRETA

Envie este cadastro preenchido e passará a receber informações dos nossos lançamentos, nas áreas que determinar.

Nome _____
RG _____ CPF _____
Endereço Residencial _____
Bairro _____ Cidade _____ Estado ___
CEP _____ Fone _____
E-mail _____
Sexo ❏ Fem. ❏ Masc.   Nascimento _____
Profissão _____ Escolaridade (Nível/Curso) _____

Você compra livros:
❏ livrarias ❏ feiras ❏ telefone ❏ Sedex livro (reembolso postal mais rápido)
❏ outros: _____

Quais os tipos de literatura que você lê:
❏ Jurídicos   ❏ Pedagogia   ❏ Business   ❏ Romances/espíritas
❏ Esoterismo ❏ Psicologia ❏ Saúde   ❏ Espíritas/doutrinas
❏ Bruxaria   ❏ Auto-ajuda ❏ Maçonaria ❏ Outros:

Qual a sua opinião a respeito dessa obra? _____
_____

Indique amigos que gostariam de receber MALA DIRETA:
Nome _____
Endereço Residencial _____
Bairro _____ Cidade _____ CEP _____

Nome do livro adquirido: ***Aleister Crowley e o Tabuleiro Ouija***

Para receber catálogos, lista de preços e outras informações, escreva para:

MADRAS EDITORA LTDA.
Rua Paulo Gonçalves, 88 — Santana
CEP 02403-020 — São Paulo — SP
Caixa Postal 12299 — CEP 02013-970 — SP
Tel.: (11) 2281-5555/2959-1127
Fax: (11) 2959-3090
www.madras.com.br

Este livro foi composto em Times New Roman, corpo 12/14.
Papel Offset 75g
Impressão e Acabamento
Hr Gráfica e Editora – Rua Serra de Paraicana, 716 – Mooca– São Paulo/SP
CEP 03107-020 – Tel.: (011) 3341-6444 – e-mail: vendas@hrgrafica.com.br